Liebe Leserinnen, liebe Leser,

Nordamerika boomt! Wer aktuell in Kanada und den USA unterwegs ist stellt schnell fest: Mehr denn je zählen die beiden Länder zu den beliebtesten Reisezielen. Und momentan deutet nichts darauf hin, dass der Boom endet. Die Sehnsucht ist ungebrochen – so sind bereits jetzt die Unterkünfte im Glacier National Park (Montana) für den August 2024 (!) weitgehend ausgebucht. Für den Yellowstone National Park gibt es indes gute Nachrichten: Das Mammoth Hot Springs Hotel and Cabins ist seit 1. Juli 2023 wieder geöffnet, nachdem es unmittelbar nach den verheerenden Überschwemmungen im Frühsommer 2022 schließen musste. Allerdings dauern am Mammoth Campground die Reparaturen noch an.

Unsere Autorinnen und Autoren waren in den vergangenen Monaten wieder viel für Sie in Nordamerika unterwegs – in den großen Metropolen und abseits der ausgetretenen Pfade. Daher bieten wir Ihnen in dieser Ausgabe zahlreiche Anregungen und Inspiration für Ihre nächste Tour!

Schwerpunkt dieser Ausgabe: Vergangenheit und Gegenwart der First Nations und Métis. Wir stellen Ihnen indigene Erlebnisse in vielen Teilen Kanadas vor. Geneviève Susemihl ist dafür nach British Columbia, Alberta und Ontario gereist und hat an spannenden Touren teilgenommen. Ole Helmhausen hingegen war auf Spurensuche in Saskatchewan und Manitoba unterwegs. Aline Wyrwich wiederum hat Stuart Patrick Junior, einen der rund 150.000 sogenannten „Residential School Survivor", zu einem ausführlichen Gespräch getroffen. Überdies finden Sie mehrere Anregungen für Wanderungen in den Northwest Territories.

Und in den USA nehmen wir Sie unter anderem mit nach Detroit: Die Stadt der Motoren und Musik erlebt gerade ein glanzvolles Comeback – ideal für alle Reisenden, die eine Metropole jenseits der viel besuchten Großstädte entdecken wollen. In Florida hat 360° NordAmerika-Chefredakteur Christian Dose eine Region erkundet, die schon lange auf seiner Bucket List stand: die Bradenton Gulf Islands mit dem entspannten Lifestyle auf Anna Maria Island. Jan de Jonge hingegen gibt Tipps für Los Angeles – viel Überraschendes für Kaliforniens Metropole. Außerdem in dieser Ausgabe: Empfehlungen für Flagstaff in Arizona, das mehr als nur ein Gateway zum Grand Canyon ist, sowie ein Portrait von vier sehenswerten Wasserfällen in Tennessee.

Wir wünschen Ihnen viel Lesefreude mit dieser Ausgabe und viele Anregungen für Ihre nächste Reise nach Nordamerika.

Ihre Redaktion 360° NordAmerika

Bridge Street Pier auf Anna Maria Island, Florida

Inhalt

Kanada

DKG Journal

Einsteigen

Kanada

USA

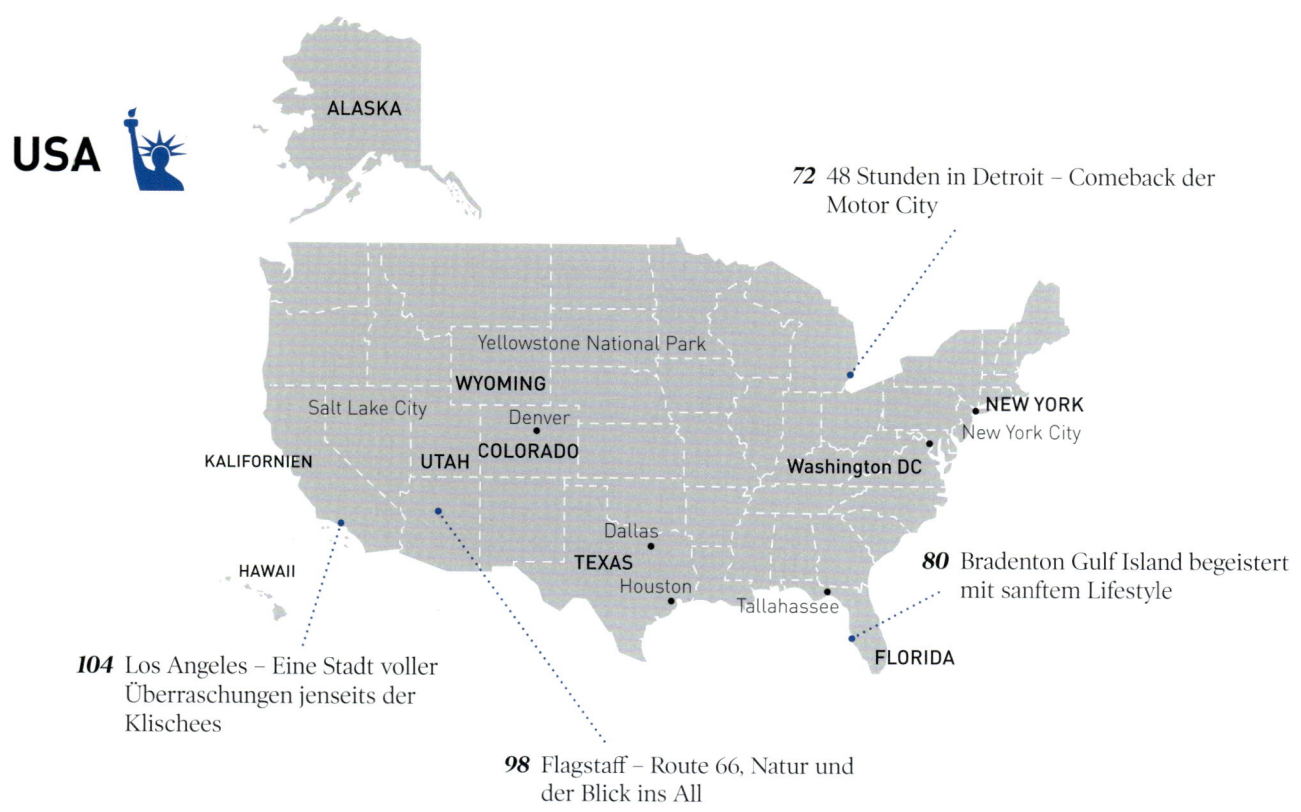

ALASKA

Yellowstone National Park

WYOMING

Salt Lake City

Denver

KALIFORNIEN

UTAH   COLORADO

HAWAII

Dallas

TEXAS

Houston

Washington DC

NEW YORK

New York City

Tallahassee

FLORIDA

USA

Mitmachen

Ausblicken

Alberta: Auf indigenen Pfaden durch die Rocky Mountains

Die Rocky Mountains gehören zu den populärsten Reisezielen in Kanada. Für Heather Black vom Blood-Tribe-Volk sind die Berge und ihr Vorland im Süden von Alberta Heimat. Schon ihre Vorfahren lebten dort, bevor die ersten Europäer einen Fuß auf den Kontinent setzten. Ihre Sicht auf die Natur und Tierwelt können Wanderer jetzt auf Touren durch die Landschaften des Kananaskis Country kennenlernen. Die Region liegt etwa eine Autostunde westlich von Calgary. Die Tageswanderungen sind zwischen zwei und sechs Stunden lang.

buffalostonewoman.ca

Yukon Territorium: Indigene Erfahrungen

Der Spezialreiseveranstalter Epic North aus Whitehorse bietet 2024 erstmals geführte Touren mit indigenem Schwerpunkt an. Die achttägigen Rundreisen beinhalten Outdoor-Aktivitäten sowie Kulturerlebnisse. Auf dem Programm stehen unter anderem der Kluane National Park sowie die abgelegene First Nations-Gemeinde Fort Selkirk, die mit dem Boot besucht wird. Teilnehmer der Rundreise können in Carcross die Kultur des Tlingit-Volkes erleben und unterwegs Beispiele indigener Kunst sehen. Guides erzählen Geschichten und Legenden.

epic-north.com

Northwest Territories: Nordlichter im Hundeschlitten beobachten

An nur wenigen Orten können Besucher Nordlichter so gut und so häufig beobachten wie in Yellowknife. Doch wie sehen die Ureinwohner die bunten, tanzenden Himmelserscheinungen? Welche Rolle spielen sie in ihren Mythen und Legenden? Das indigene Familienunternehmen North of 60 Adventures gibt Antworten. Hier erfahren Besucher mehr vom Leben in der Subarktis sowie den Traditionen und Kulturen des Nordens. Durchgeführt werden die Touren per Bus, im Hundeschlitten oder in einem eigens dafür angelegten Camp mit speziellen Beobachtungsräumen.

northof60auroraadventures.com

Ontario: Auf den Spuren der Algonquin

Wer in der Nähe des Algonquin Park unterwegs ist, sollte beim Madawaska Kanu Centre unweit von Barry's Bay vorbeischauen. In dem populären Kanu-, Kajak- und Raftingzentrum werden indigen-geführte Touren angeboten, bei denen Besucher mehr über die Kultur der lokalen Madaoueskarini Algonquin First Nation erfahren können. Die Touren leitet die Kulturbotschafterin Christine Luckasavitch. Sie besitzt den Veranstalter Waaseyaa Cultural Tours, was übersetzt so viel heißt wie „helles Licht". Auf zweistündigen Spaziergängen durch die Seen-, Fluss- und Waldlandschaften gibt sie ihr Wissen und ihre Erfahrungen weiter.

waaseyaaconsulting.ca/waaseyaa-cultural-tours

Capital Region USA: Lego Discovery Center eröffnet

Entenküken aus Duplo-Steinen bestaunen, mit einem Team von Modellbauprofis an komplizierten Bauwerken tüfteln, im 4D-Kino in die Abenteuerwelt der Plastikbausteine eintauchen oder mit dem „Imagination Express" eine Zugfahrt durch eine überdimensionale Lego-Welt genießen: Mit dem Lego Discovery Center Washington, DC in Springfield eröffnete ein neues Unterhaltungsangebot für Lego-Fans. Der Indoor-Freizeitpark mit zwölf Themenfeldern liegt rund 20 Autominuten von Washington, DC entfernt und richtet sich vor allem an Familien mit Kindern im Alter zwischen zwei bis zwölf Jahren.

legodiscoverycenter.com/washington-dc

Philadelphia zur „Best City For Street Art" gekürt

Die Leser haben ihre Stimmen abgegeben und Philadelphia bei den diesjährigen USA Today's 10 Best Readers' Choice Awards zur städtischen Nummer 1 der Straßenkunst gewählt. Dem Titel „Best City For Street Art" liegen mehr als 4400 öffentliche Kunstwerke zugrunde. Erst kürzlich beschrieb der Reiseführer Michelin die Ostküsten-Metropole anerkennend als Freilichtmuseum. USA Today betonte die Arbeit von Mural Arts Philadelphia - einer gemeinnützigen Organisation, die dazu beigetragen hat, dass Philadelphias Straßenkunst weltweit einen herausragenden Ruf genießt.

Monument Valley aus der Luft

Blick auf das Monument Valley aus der Vogelperspektive: Eine neue Tagestour von Westwind bietet einen atemberaubenden Blick auf die berühmten roten Sandsteine des Tals aus der Luft, bevor Urlauber nach der Landung bei einer Tour die Formationen aus der Nähe sehen und mehr über die Kultur der Navajo Nation erfahren. Für diejenigen, die länger bleiben möchten, kann die Tour von Redtail Air auch eine Übernachtung in der Golding's Lodge beinhalten.

westwindairservice.com

San Francisco: 125 Jahre Ferry Building

Fähr-Terminal, Einkaufszentrum und Food-Mekka: Am 13. Juli feierte eines der Wahrzeichen von San Francisco runden Geburtstag. Das berühmte Ferry Building hat Erdbeben und städtischen Umbaumaßnahmen Stand gehalten. Anlässlich des 125. Geburtstages gibt es donnerstags Live Music. Zudem haben sich neue Händler im Ferry Building niedergelassen. Der Markt im Innern ergänzt den im Jahr 1993 eröffneten Ferry Plaza Farmers Market (dienstags, donnerstags samstags).

ferrybuildingmarketplace.com

Bären, Bisons und Buckelwale

Indigener Tourismus in Alberta und British Columbia

Der Nationalpark Gwaii Haanas umfasst etwa die Hälfte des Inselarchipels Haida Gwaii.

Kliff des Head-Smashed-In Buffalo Jump in Alberta

Kiit Kiitokii (Piikani) erklärt einer Schulgruppe die Bedeutung des Bisons am Head-Smashed-In Buffalo Jump.

Kiit Kiitokii schaut über die Weite der Prärie, und sein Blick gleitet über endlose goldgelbe Grasfelder. „Dies war früher das Land der Blackfoot. Die Menschen lebten in Camps und folgten den Bisons." Kiitokii arbeitet als Guide beim Head-Smashed-In Buffalo Jump. Der Piikani hat viele Talente und ist auch Magier, Maler und Musiker. Heute erklärt er einer Schülergruppe den Buffalo Jump. Während er die Kinder mit Zaubertricks unterhält und Münzen verschwinden lässt, spricht er von der Bedeutung des Bisons. „Früher durchwanderten 60 Millionen Bisons die Great Plains. Die Tiere boten den Menschen Nahrung und alles, was sie zum Leben brauchten, wie Kleidung, Werkzeuge und Tipis", weiß Kiitokii. Seine traditionellen Wurzeln zur Kultur der Blackfoot sind ihm wichtig.

Bisons und Blackfoot

Head-Smashed-In Buffalo Jump liegt nordwestlich von Fort Macleod in Alberta, vor der beeindruckenden Kulisse der Rocky Mountains. Die Unesco-Welterbestätte ist ein traditioneller Jagdplatz. Schon vor tausenden von Jahren nutzten ihn die Menschen für die Bisonjagd. Bevor sie Pferde besaßen, trieben sie die Bisons auf dem Plateau an den Rand einer Klippe und über den Abgrund. Die Ausstellungen im Interpretationszentrum erzählen von den Jagdmethoden und der Lebensweise der Bewohner vor dem Kontakt mit den Europäern. Mittwochs finden Tanz- und Trommelvorführungen der Blackfoot statt. Gebäude und Gelände befinden sich im Besitz der Regierung von Alberta. „Uns wurde von der Regierung vorgeschrieben, was wir den Besuchern über den Ort erzählen sollten", bedauert Kiitokii. Inzwischen erzählen die Blackfood-Guides ihre eigenen Versionen der Geschichte. „Die Piikani beanspruchen den Ort wieder für sich", erklärt Kiit. „Wir führen hier Zeremonien und Feste durch, ich war auf Visionssuche auf dem Berg. Uns verbindet eine starke Spiritualität mit dem Ort."

Heute leben die drei Gruppen der Blackfoot – die Piikani, die Siksika und die Blood – auf drei Reservationen in Alberta. Das Piikani Nation Reserve liegt eine halbe Stunde südlich vom Buffalo Jump. Ich fahre mit Kiit nach Brocket, dem einzigen Ort auf der Reservation. „Touristen verschlägt es kaum hierher, denn es gibt nichts zu erleben", erzählt er. Doch auch die Blackfoot haben den Tourismus für sich entdeckt. Ein Geheimtipp ist das Buf-

Kiit Kiitokii arbeitet seit einigen Jahren als Guide beim Head-Smashed-In Buffalo Jump.

falo Rock Tipi Camp am Oldman River. Harley Bastien, Besitzer des Camps und Bewahrer traditionellen Wissens, bietet neben Camping im Tipi und Sprachunterricht auch Geschichten über Land, Leute und Bisons.

Tipis und Trails

Die Blackfoot haben inzwischen ihr eigenes Museum eröffnet – im Blackfoot Crossing Heritage Park, östlich von Calgary. Es ist das größte, von Indigenen geführte

Die Great Plains vor den schneebedeckten Rocky Mountains

Die Architektur des Interpretationszentrum von Blackfoot Crossing erinnert an ein Tipi.

Museum in Kanada. Stolz steht das imposante Gebäude auf einem Hügel und überblickt den riesigen Park. Blackfoot Crossing ist geschichtsträchtiger Grund: Einst war die Überquerung des Bow River traditioneller Bisonjagdplatz und Treffpunkt für die Siksika und ihre Verbündeten der Blackfoot Konföderation. 1877 wurde hier die Treaty 7 unterzeichnet. Die Siksika entwickelten die Ausstellungen, die von der Kolonialisierung und der lebendigen Kultur der Blackfoot erzählen. Im weitläufigen Park finden sich neben Tipi-Dorf und Trails auch Überreste von Erdhütten der Mandan. Auf meinem Rundgang

steckt ein Präriehund neugierig seine Nase in den Wind. Museum und Park sind eine Touristenattraktion, mit der die Siksika über ihre Kultur und Geschichte informieren und die Wirtschaft auf der Reservation vorantreiben.

Düstere Schulzeiten

Auch in British Columbia wächst der indigene Tourismus schnell. In Kamloops treffe ich Daniel Saul. Er ist Simpcw und arbeitet seit 2006 im Secwepemc Museum. Das dunkelrote Backsteingebäude war die ehemalige Kamloops Indian

Im Blackfoot Crossing Tipi Camp können Gäste übernachten.

Daniel Saul zeigt auf sein Abschlussfoto von der Kamloops Indian Residential School 1968.

Auf unserer Tour erzählt Daniel Saul vom Leben der Menschen vor der Kolonialisierung, erklärt Nahrung, Kleidung und Lebensweise. Er führt mich durch ehemalige Schlaf- und Essensräumen, Küche und Kapelle. Saul kam 1958 im Alter von neun Jahren an die Schule. Nach seinem Abschluss versuchte er, diese Zeit zu vergessen. Er fand den Mut, sich mit der schmerzhaften Vergangenheit auseinanderzusetzen „Als ich zum ersten Mal gebeten wurde, eine Tour zu führen, hatte ich Schwierigkeiten damit, mich hier umzusehen. Es hat eine Weile gedauert, bis ich es schaffte. Nachdem ich es ein Dutzend Mal gemacht hatte, ging es mir besser", erklärt er. Wir gehen durch das Gebäude und einige Erinnerungen überwältigen ihn noch heute. „Wir waren isoliert in der Schule, haben nichts von außen mitbekommen. Wir haben gelernt zu kämpfen und zu stehlen, um hier zu

Geneviève Susemihl

Nordamerika ist für die Kulturwissenschaftlerin Leidenschaft und Forschungsgegenstand zugleich. Auf ihren Reisen folgte sie den Spuren von Grizzlybären und Karibus, paddelte in Kanus, wusch Gold im Klondike River und tanzte auf Powwows. Bei 360° medien erschienen ihre Bücher „Das indigene Kanada" und „Bären, Lachse, Totempfähle".

Residential School. Nach ihrer Schließung übernahmen die Secwépemc das Gebäude und begrüßen heute Touristen aus aller Welt. Die Internatsschule wurde von 1890 bis 1969 von der katholischen Kirche geführt. Indigene Kinder aus der gesamten Provinz wurden hier umerzogen und ihrer kulturellen Wurzeln beraubt. Im Juni 2021 wurden mit Hilfe von Radar-Untersuchungen die sterblichen Überreste von 200 Kinderleichen gefunden. Den Kindern, die an Krankheiten, Unterernährung und Misshandlung starben, wurde kein Grabstein gesetzt, ihr Tod und die Todesursachen nicht dokumentiert.

Die ehemalige Kamloops Indian Residential School ist heute Museum und Verwaltungsgebäude der Secwépemc.

Totempfähle in Skedans zeugen von der reichen Kultur der Haida.

überleben", erinnert er sich. Wir folgen den Pfaden durch den umliegenden Park. Daniel Saul zeigt mir stolz die indigenen Pflanzen, Erdhäuser, die früher als Winterquartiere dienten, und archäologische Reste einer jahrtausendealten Siedlung. Er hat zu seiner Kultur zurückgefunden und erzählt begeistert von den Traditionen der Secwépemc.

Totempfähle am Pazifik

Viele indigene Gruppen in Alberta und British Columbia haben heute eigene Museen eröffnet und touristische Unternehmen gegründet. So auch die Haida auf

indigenoustourismalberta.ca
indigenousbc.com

FORT MACLEOD

Head-Smashed-In Buffalo Jump: Täglich geöffnet (Mai bis Oktober), Eintritt 15 CAD; Secondary Highway #785, Fort MacLeod, *headsmashedin.ca*

Buffalo Rock Tipi Camp: Familienpreis für 2 Nächte (nur Freitag und Samstag) 150 CAD; Box 3078 Brocket AB T0K 0H0, *buffalorocktipicamp.com*

SIKSIKA INDIAN RESERVE

Secwépemc Museum & Heritage Park: Wegen Renovierung vorübergehend geschlossen, Führungen nach Voranmeldung möglich, Eintritt 10 CAD; 330 Chief Alex Thomas Way #200, Kamloops, BC V2H 1H1, *secwepemcmuseum.ca*

Kekuli Café: Bietet Bannock in unzähligen Variationen; 101-300 Columbia Street, Kamloops, BC V2C 6L1, *kekulicafe.com*

SKIDEGATE, HAIDA GWAII

Haida Heritage Centre: Täglich außer Sonntag geöffnet; 2 Beach Road, Skidegate, BC V0T 1S1, *haidaheritagecentre.com*

Haida Gwaii Museum: Montag bis Freitag 10 bis 17 Uhr, Eintritt 18,90 CAD; 2 Beach Road, Skidegate, BC V0T 1S1, *haidagwaiimuseum.ca*

Haida Style Expeditions: Touren und Angelabenteuer im Gwaii Haanas National Park, ab 300 CAD; 2 Beach Road, Skidegate, BC V0T 1S1, *haidastyle.com*

JAGS Coffee Shop & Guest Rooms: Café Montag bis Freitag geöffnet, Übernachtung ab 150 CAD im Doppelzimmer; 100, BC-16, Skidegate, BC V0T 1S1, *stayatjags.com*

Haida Gwaii. Das Inselarchipel vor der Westküste Kanadas, mit den nördlichsten Regenwäldern und den größten Schwarzbären der Erde, ist Sehnsuchtsort vieler Kanadier. Mich hat es hierhergezogen, um mehr über das Leben der Haida heute zu erfahren. Nach dem Besuch des Haida Gwaii Museums in Skidegate möchte ich die atemberaubende Natur der Inseln entdecken. Im Gwaii Haanas National Park standen einst die Dörfer Skedans, Tanu und SGang Gwaay. Überreste von mächtigen Langhäusern und Totempfählen zeugen von der traditionellen Lebensweise der Haida und ihrer Verbindung zu Land und Meer. Da keine Straßen in den Park führen, erlebt man die majestätische Landschaft mit ihrer faszinierenden Tierwelt am besten mit einem lokalen Touranbieter.

Haida Style Expeditions ist das erste Haida-Unternehmen, das Touren in den Park anbietet. Die Brüder Sk'aal Ts'iid und Kung X Angajii (James und William Cowpar) erfüllten sich damit einen Traum. Auf Haida Gwaii geboren und aufgewachsen,

Buckelwale tummeln sich gern in den Gewässern von Gwaii Haanas.

verfügen sie gemeinsam über 35 Jahre Erfahrung in der Tourismusbranche. Auf ihren Touren besuchen sie ehemalige Haida-Dörfer, beobachten Buckelwale, die sich in den Buchten tummeln, oder entdecken Bären. „Das Leben auf Haida Gwaii erfordert ein Gleichgewicht, eine symbiotische Beziehung zwischen Menschen und Natur", sagen die Zwillinge. „Indem wir unsere Geschichte und Lebensweise teilen, hoffen wir, dass wir die natürliche Welt vertrauensvoll für zukünftige Generationen schützen können."

VON TKARONTO BIS WENDAKE

Indigener Tourismus in Ontario und Québec

Autorin: Geneviève Susemihl

Die ehemalige Mohawk Institute Residential School ist heute ein Museum.

T oronto – oder Tkaronto in der Sprache der Mohawk – hat eine reiche indigene Vergangenheit. „Dies ist traditionelles Territorium vieler First Nations wie der Haudenosaunee, Anishnabeg, Mississaugas, Chippewa und Wendat", erzählt

Dawn Maracle. Sie ist Mohawk, Kanien'kehá:ka in ihrer Sprache, lebt in Toronto und kennt die indigene Geschichte gut. Seit Jahren arbeitet sie mit First Nations zusammen, unterrichtet Kurse und berät Organisationen. „Die Lage am Ontariosee war von entscheidender Bedeutung," erzählt die studierte Erziehungswissenschaftlerin. „Lange bevor die Europäer in die Gegend kamen, war Toronto Ausgangspunkt für viele Aktivitäten. Die Flüsse und Seen waren wichtige Verbindungswege, auf denen unsere Vorfahren durch die Region reisten und mit anderen Gruppen handelten." Heute leben etwa 70.000 First Nations, Inuit und Métis in der Metropole.

Indigenes Kunsthandwerk

Wir kommen zu einem braunen Backsteingebäude, etwas zurückgesetzt von der Straße. Das Native Canadian Centre of Toronto ist keine herkömmliche Touristenattraktion, aber ein guter Ort für den persönlichen Austausch. Das Kulturzentrum heißt Gäste willkommen, und auf den Touren erkunden Besucher mit indigenen Guides die kulturellen Wurzeln der Stadt. Nach unserem Rundgang stöbern wir im Cedar Basket Shop, dem bisher einzigen

Dawn Maracle (Mohawk) erzählt über die Geschichte ihrer Vorfahren und das Leben heute auf dem Tyendinaga Mohawk Territorium.

Ein Inukshuk der Inuit zeugt von der kulturellen Vielfalt der indigenen Gruppen in Toronto.

von Indigenen betriebenen Geschäft in Toronto, und Dawn zeigt mir handgefertigten Schmuck, Kunstwerke, Musik und Bücher bekannter indigener Künstler.

Museum der Mohawk

Der beste Ort, mehr über die Mohawk zu erfahren, ist das Woodland Cultural Centre in Brantford, erklärt Dawn. Das Kulturzentrum etwa 100 Kilometer öst-lich von Toronto wurde 1972 eröffnet. Es gibt eine Dauerausstellung zur Kultur und Geschichte der Mohawk, Bibliothek, Archive, wechselnde Kunstausstellungen und Objekte auf dem Außengelände. Die Kombination aus Vergangenheit und Gegenwart zeichnet ein eindrucksvolles Bild von indigenem Wissen und kulturellem Austausch, und Besucher erhalten eine Vorstellung von der Stärke und Verletzlichkeit der Gruppen. Im Museum erklärt Dawn mir die Bedeutung der Wampum-Gürtel, umreißt auf einer Landkarte das einst gewaltige Gebiet der Mohawk und spricht über die Rolle ihres Volkes als östlichste Gruppe der Haudenosaunee, der Liga der Irokesen.

Dawn hält Vorträge über die Kultur und das Leben der Mohawk im ganzen Land. Sogar in Deutschland war sie schon. Angesichts des zunehmenden Interesses für indigene Kultur entwickelt sich auch der indigene Tourismus in Kanada und erweist sich als wichtiger wirtschaftlicher und kultureller Motor für indigene Gemeinschaften. Es gibt knapp 2000 indigene Tourismusunternehmen in Kanada, die 40.000 Arbeitnehmer beschäftigten.

Diorama im Woodland Cultural Centre in Brantford, Ontario

Im Woodland Cultural Centre, das Mitglied im Verband für indigenen Tourismus Kanadas ist, arbeiten 21 Mitarbeiter. Mit mehr als 35.000 Artefakten ist das Museum eine der größten Einrichtungen im Land, die von First Nations betrieben wird. Im indigenen Tourismus haben Museen, Kulturzentren und Erlebnisanbieter die Möglichkeit, den Touristen indigenes Wissen und Traditionen nahezubringe und gleichzeitig ihre Rechte und traditionellen Territorien zu schützen.

Ein dunkles Kapitel

Nach dem Museumsrundgang zeigt uns Kaley Reuben die ehemalige Mohawk Institute Indian Residential School. Die Internatsschule steht nebenan und wurde von 1885 bis 1970 von der anglikanischen Kirche betrieben. Ein virtueller Rundgang durch das Gebäude mit den Schlaf- und Aufenthaltsräumen, Küche und Keller gibt Einblicke in die Geschichte der Schule und die Lebensweise der Kinder. Wir werfen einen Blick in den ehemaligen Speisesaal. Der Raum ist dunkel, mit Linoleum ausgelegt, Putz bröckelt von den Wänden. Auf Fotos sitzen Kinder an langen Tischen, Mädchen auf der einen Seite, Jungen auf der anderen. Sie konnten das grüne Gras und die blühenden Bäume draußen nicht sehen, weil die Fenster zu hoch sind. Die Geschichten, die dieser Raum erzählt, sind herzzerreißend. Kinder, die ihren verdorbenen Brei nicht aufaßen, erhielten die Reste zur nächsten Mahlzeit serviert.

Kaley Reuben besuchte keine Residential School, bezeichnet sich aber als „Nebenprodukt" der teils brutalen Umerziehungsmethoden. „Ich bin Mohawk und Cree, aber spreche nur Englisch. Ich besitze weder meine Sprache, noch meine Kultur", sagt sie. Ihre Eltern besuchten Internatsschulen und lernten nie ihre Muttersprache. Sie verloren ihre Namen und wurden zu Nummern. „Es gibt etwas in diesem Gebäude, das eine überwältigende Traurigkeit auslöst. Viele Besucher können das nicht ertragen", sagt die Kulturdolmetscherin. Wir sehen Fotos von mathematischen Gleichungen wie „22+51" auf einer Schiefertafel, die in der Wand versteckt war. Das ist keine Rechenaufgabe, sondern Kinder haben aufgeschrieben, welcher Junge welches Mädchen mag. „Auch dieses Kapitel der Geschichte muss erzählt werden", betont Kaley.

Aus Bohnen, Mais und Kürbis kochten die Mohawk und Wendat Suppe über dem Feuer im Langhaus.

BUCHTIPP

Das Indigene Kanada: First Nations, Inuit und Métis
Das Buch umreißt ihre Geschichte vor und nach Ankunft der europäischen Siedler, beschreibt ihre heutige Situation und gibt Einblicke in ihre vielfältigen Kulturen und Lebensweisen. Geneviève Susemihl nimmt den Leser mit zu faszinierenden Orten und erzählt von persönlichen Erlebnissen und Begegnungen mit Mohawk, Blackfoot, Haida und anderen Indigenen in Kanada. Ein Erlebnisführer mit vielen Vorschlägen für Reiserouten rundet das Werk ab und macht es zu einem wertvollen Begleiter für den nächsten Kanada-Urlaub.

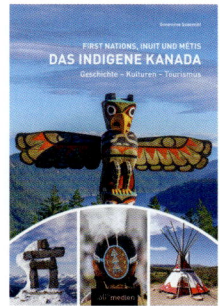

Geneviève Susemihl
360° medien; 1. Auflage (April 2023)
288 Seiten, 207 Fotos, 17 Karten
Format: 21 x 14,8 cm
Preis: 24,95 EUR
ISBN: 978-3-96855-319-1
Bestellen unter:
360grad-medienshop.de/das-indigene-kanada
oder im Buchhandel

Beim Jingle Dress Dance werden die kleinen Glöckchen an den Kleidern zum Klingen gebracht.

Tanzen und Trommeln

Heute feiern die Indigenen ihre traditionellen Sprachen und vielfältige Kultur. Dawn hat mich zum Powwow nach Tyandinaga eingeladen, der Mohawk-Reservation bei Belleville. Hier an der Bay of Quinte am Nordufer des Lake Ontario ist sie aufgewachsen. Im Sommer finden beinahe jedes

Die Huronen lebten in Langhäusern aus Birkenrinde.

Wochenende Powwows im ganzen Land statt. Auf den Festen zelebrieren die Menschen ihre Kultur, Identität und Gemeinschaft. Sie sind Treffpunkt für Familie und Freunde, es wird getanzt und getrommelt, Essen, Handwerk, Kleidung und Schmuck zum Kauf angeboten. In geschmeidigen Bewegungen, die an Schmetterlinge erinnern, tanzen Frauen mit bunten Tüchern den Fancy Shawl Dance. Andere lassen die kleinen Glöckchen an ihren Kleidern beim Jingle Dress Dance erklingen. Wir stöbern an Ständen zwischen bestickten Mokassins und selbstgebauten Handtrommeln, probieren Bisonburger und tanzen gemeinsam den Friendship Dance.

Leben im Langhaus

Die Branche des indigenen Tourismus wächst und umfasst heute viele Bereiche, von Museen und Kulturdenkmälern über geführte Wanderungen bis zur lokalen Küche. Ein besonderer Ort ist das nachgebaute Huronen-Dorf Onhoüa Chetek8e in Wendake bei Quebec City. Das Dorf bietet eine einzigartige Gelegenheit, die Geschichte, Kultur und Lebensweise der Huronen (auch Wyandot oder Wendat) kennenzulernen. Die Wyandot empfangen uns mit traditionellen Tänzen. Auf unserem Rundgang durch das Dorf erklärt uns Marie Brown das Leben im Langhaus, die Nutzung von Räucherei und Schwitzhütte sowie die Herstellung von Schneeschuhen und Kanus aus Birkenrinde. „Die Frauen waren damals gleichberechtigt", erzählt die Studentin. „Sie wählten den Häuptling und setzten ihren Ehemann vor die Tür, wenn die Ehe nicht funktionierte." Sie erzählt traditionelle Geschichten und Legenden. In Workshops können Besucher Traumfänger anfertigen oder Bogenschießen üben, im Shop „Le Huron" Kunsthandwerk, Kleidung und Wildpastete erwerben. In der Huron-Wendat Reservation leben etwa 2100 Wyandot. Sie betreiben Souvenirläden, Restaurants und ein Hotel. „Die Touristen sind für uns wichtig", sagt Marie und lacht. Sie liebt ihren Sommerjob als Guide und hat noch viele Geschichten zu erzählen.

Im traditionellen Dorf der Huronen in Wendake werden die Besucher mit Tänzen begrüßt.

indigenousexperienceontario.ca
indigenousquebec.com
canadianpowwows.ca

TORONTO
Native Canadian Centre of Canada: Kostenlos, um Spenden (2 bis 5 CAD pro Person) wird gebeten; 16 Spadina Road, Toronto, ON, M5R 2S7, *ncct.on.ca*

Tea-N-Bannock: Serviert Bisonburger, wilden Reis und Bannock (traditionelles Fladenbrot), Donnerstag bis Sonntag; 1294 Gerrard Street East, Toronto, ON M4L 1Y7, *teanbannock.ca*

BRANTFORD
Woodland Cultural Centre: Montag bis Samstag; 184 Mohawk Street, Brantford, ON N3S 2X2, *woodlandculturalcentre.ca*

TYENDINAGA MOHAWK TERRIRORY
Tyendinaga: *mbq-tmt.org*

Native Renaissance: Täglich geöffnet; 386 Highway 49, Deseronto, ON K0K 1X0, *nativerenaissance.com*

WENDAKE
Onhoüa Chetek8e Traditional Huron Site: Derzeit nur Führungen, Eintritt: 17,95 CAD; 575; Rue Chef Stanislas Koska, Wendake, QU G0A 4V0, *huron-wendat.qc.ca*

Hudon-Wendat Museum: Eintritt 10 bis 20 CAD, täglich geöffnet; 15, Place de la Rencontre, Wendake QC G0A 4V0, *museehuronwendat.ca*

First Nations Hotel: Von den Wendat geführtes Hotel, Zimmer ab 200 CAD; 5, Place de la Rencontre, Québec, QC G0A 4V0, *hotelpremieresnations.ca*

Indian Craftsmen of Quebec: Kunst- und Bastelbedarf; 540 Rue Max Gros-Louis, Wendake, QC G0A 4V0, *nativecraftsupplies.com*

La Traite: Serviert täglich Bison, Heilbutt und Saibling sowie vegetarische Gerichte; 5, Place de la Rencontre, Wendake QC G0A 4V0, *restaurantlatraite.ca*

La Sagamité: Benannt nach der Sagamité-Suppe, bestehend aus Mais, Kürbis und Bohnen; 10, Boulevard Bastien, Wendake, QC G0A 4V0, *sagamite.com*

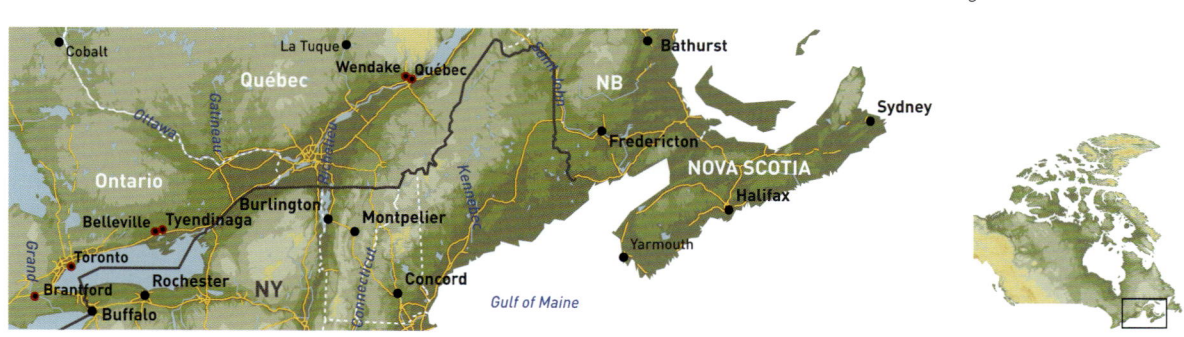

Canada At Its Best: Insidertipps der Canada Specialists

Über 1245 Mitarbeiter von Reisebüros und Reiseveranstaltern in ganz Deutschland sind aktuell beim Canada Specialists Program angemeldet. Sie erfüllen verschiedene Kriterien, die Destination Canada als Voraussetzung definiert hat, und haben das Onlineschulungsprogramm „Canada Specialist Program" erfolgreich absolviert. Zusätzlich verfügen sie durch eigene Kanada-Reisen und die Teilnahme an Kanada-Schulungen über exzellente und umfangreiche Landeskenntnisse.

Dadurch sind sie versierte Ansprechpartner für die Planung und Buchung Ihrer Kanada-Reise. Die Canada Specialists helfen Ihnen, Ihren Urlaub in Kanada nach eigenen Vorstellungen zu gestalten, und geben viele Tipps rund um das Land. Durch die Unterstützung des Canada Specialists wird jeder Urlaub in Kanada zu einem unvergesslichen Erlebnis.

www.destinationcanada.com/en/canada-specialist-program-deutschland

1 British Columbia: Bowron Lake Circuit

Der Bowron Lake Circuit wird schon seit Jahr und Tag als Geheimtipp gehandelt. Und trotzdem hat der Seenverbund im Norden von BC sich seine Ursprünglichkeit und Ruhe bewahrt. Die 116 Kilometer lange Paddelstrecke über acht Seen ist ein Eldorado für Kanuten, Naturliebhaber und Outdoorenthusiasten und ist wohl in dieser Form mit gleichem Start und Zielpunkt einzigartig in ganz Nordamerika. Für mich persönlich die Nummer 3 unter den Great Canadian Outdoor Challenges nach Westcoast und Chilkoot Trail.

Thomas Koschig
B&T Flugreisen
Leipzig
Tel.: +49 341 9609021
derKanadaspezialist.de
info@bt-flugreisen.de

2 Alberta: Rocky Mountains

Mein absolutes Highlight ist ein unvergesslicher Helikopter Ausflug im Winter! Nach 30-minütigem

Helikopterflug über die Rocky Mountains ist schon die Landung ein spektakuläres Erlebnis - das I-Tüpfelchen war dann die einstündige Schneeschuhwanderung inmitten der Wildnis, die viel Spaß und Panoramaausblicke garantiert. Gestärkt von heißer Schokolade geht es anschließend mit dem Heli wieder zurück!

Birte Lanyon
CRD Touristik
Hamburg
Tel.: +49 40 300616-52
crd.de
b.lanyon@crd.de

3 Yukon: Kluane Nationalpark

Die mächtigen Gletscher des Kluane Nationalpark im Yukon Territorium sehen im Herbst – nach dem

ersten frischen Schnee – noch überwältigender aus. Beim Start unseres Panoramarundflugs entdeckten wir eine honigbraune Grizzlybärin mit ihren Jungen gleich neben der Startbahn im hohen Gras. Unvergessliche Anblicke!

Yvonne Sievers
SKR Reisen GmbH
Köln
Tel.: +49 221 933720
skr.de
info@skr.de

4 Northwest Territories: Winter Aurora Lights

Zu den Winter Aurora Lights nach Yellowknife! Im kommenden Winter erweitert Air Canada sein Streckenangebot in die Northwest Territories. Ab dem 1. Dezember 2023 wird die Verbindung Toronto – Yellowknife ganzjährig dreimal pro Woche bedient. Nordlichter lassen sich besonders gut in den kanadischen

Nordwest Territorien beobachten. Tagsüber eine Hundeschlitten-Tour oder Schneeschuh-Wandern, abends die Nordlichter bestaunen – das perfekte Winter-Abenteuer in den NWT!

Henrike Baum
SK Touristik GmbH
Senden (Münsterland)
Tel.: +49 2536 345910
sktouristik.de
henrike@sktouristik.de

5 Saskatchewan: Saskatoon

Saskatoon, „Paris of the Prairies", ist eine moderne und freundliche Stadt mit unendlichen Möglichkeiten sowohl im Sommer als auch im kalten kanadischen Winter. Saskatoon ist eine der sonnigsten Städte Kanadas. Im Wanuskewin Heritage Park kann man viel über die Kultur und die Geschichte der Ureinwohner der Northern Plains lernen. Mit etwas Glück sieht man sogar spektakuläre Polarlichter.

Thomas Müller
TREFF Sprachreisen
Eningen u.A. (bei Reutlingen)
Tel.: +49 7121 696696-0
treff-sprachreisen.de
t.mueller@treff-sprachreisen.de

6 Ontario: Sioux Narrows und Nestor Falls

Ich habe einen großartigen Insider-Tipp für eine Reise nach Ontario im Herbst! Die Region um Sioux Narrows und Nestor Falls ist etwas ganz Besonderes. Dort die frische Luft zu genießen, während ich auf den unzähligen Süßwasserseen paddelte und die atemberaubende Herbstlaubfärbung bewunderte, war einfach

unvergesslich. Es gab auch fantastische Möglichkeiten, wandern zu gehen und die tolle Landschaft zu genießen. Die Resorts und Lodges vor Ort waren ebenfalls wunderschön und ich kann diesen Ort jedem empfehlen, der dem Alltag entfliehen und die Schönheit des Herbstes in Ontario genießen möchte.

Dina Drnas
Tourlane GmbH
Berlin
Tel.: +49 157 37369193
tourlane.de
dina.drnas@tourlane.com

7 Québec: Parc national des Grands-Jardin

Suchen wir nicht alle manchmal nach dem besonderen Kick? Diesen habe ich mir mit dem Kletterstieg,

der Via Ferrata im Parc national des Grands-Jardins, in der wunderschönen Charlevoix Region, erfüllt. In schwindelerregender Höhe bin ich am Berg hochgeklettert und habe fantastische Ausblicke auf die Laurentian Highlands genossen. Die Guides haben mir dabei immer ein gutes und sicheres Gefühl gegeben.

Aline Müller
CRD Touristik
Hamburg
Tel.: +49 40 300616-74
crd.de
a.mueller@crd.de

8 New Brunswick: Alma

Bis weit in den Herbst hinein kann man in Atlantik Kanada noch wunderbar warme und sonnige Tage erleben. Alma ist ein kleiner malerischer Fischerort an

der Küste New Brunswicks entlang der Bay of Fundy und ist besonders bekannt für seine Hummer. Die galten hier früher als „Arme-Leute-Essen", da sie jeder selbst fing. Heute gibt es sie hier immer noch zu sehr erschwinglichen Preisen. Der Kanadier isst sie mit der Hand – das muss erst einmal gelernt werden.

Antje Moecke
Haase-Reisen GmbH
Bonn
Tel.: +49 228 658588
haase-reisen.de
reisebuero@haase-reisen.de

9 Nova Scotia: Cape Clear

Abseits der touristischen Pfade liegt hoch in den Highlands, Cape Clear auf der Cape Breton Insel. Um dort hin zu gelangen, geht es über Schotterstraßen und die letzten 1,5 Kilometer zu Fuß. Belohnt wird man von einem mitten in der Natur gelegenen majestätischen Ausblick und einem grandiosen Panorama. Auf dem Weg können einem Elche und andere wildlebende Tiere begegnen.

Jörg Knörchen
Canada Dream Tours
Schramberg-Sulgen
Tel.: +49 7422 2429475
kanadareise.de
mail@canadadreamtours.de

10 Newfoundland: Skerwink Trail

Ein absolutes Highlight in Neufundland ist für mich der Skerwink Trail. Der Rundweg führt entlang der Küste und bietet immer wieder spektakuläre Ausblicke von den Klippen auf das endlos scheinende Meer.
Mein Tipp: Besonders schön ist die Wanderung im Herbst. Das bunte Laub der Wälder sorgt für einen herrlichen Kontrast zum Blau des Himmels und des

Ozeans und vor allem der Blick vom Aussichtspunkt auf dieses farbenfrohe Spektakel ist unvergesslich. Indian Summer pur!

Anja Schillinger
Hauser Exkursionen international GmbH
München
Tel.: +49 89 2350060
hauser-exkursionen.de
info@hauser-exkursionen.de

Interview

Stuart Residential School Survivor Patrick Junior

Stuart Patrick Junior

W HERE DO WE GO? ist ein freies Foto-Projekt der Fotografin und Filmemacherin Aline Wyrwich. Das fortlaufende Projekt zeigt anhand von Portraits und Interviews die inspirierenden und bewegenden Geschichten elf in Kanada lebender indigener Menschen.

Stuart Patrick Junior wurde 1971 im Nuu-chah-nulth territory in Tofino, Vancouver Island geboren. Er ist Potlatch Tänzer, Hand Drummer und studiert Powwow. Er lebt mit seiner Familie im Lower Nicola Valley First Nations Band in Merrit, British Columbia. Stuart ist einer von rund 150.000 sogenannten „Residential School Survivor" (Quelle: */parks.canada.ca/culture/designation/ pensionnat-residential*).

Das Interview wurde in Rücksprache mit Stuart Patrick für diese Publikation gekürzt. Fine Art Prints in limitierte Auflage sind auf Anfrage bei Aline Wyrwich erhältlich.

Bitte erzähle mir von deiner Zeit in der Indian Residential School!
Als ich aufwuchs, lebte ich bei meinen Großeltern in der Ucluelet First Nation. Ich kann mich daran erinnern, wie die Ältesten uns sagten: „Lauft! [...] Versteckt

euch, wo immer ihr könnt!" Ich erinnere mich an diesen Tag, als wäre es gestern gewesen. Ich erinnere mich, wie sie mich auf meinen Koffer setzten und mir sagten: „Sie schicken dich weg." [...] Es war die Royal Canadian Mounted Police (RCMP), die in die Reservate kam und uns jüngere Kinder herumjagte. Sie nahmen uns fest und brachten uns weg, ohne dass unsere Familien wussten, wo wir waren.

Dann war ich an der Reihe, weggeschickt zu werden. [...] Ich war damals sieben Jahre alt. [...] Ich saß auf dem Koffer am Rande des Highways, eine Fremde hielt die Tür auf und sagte, ich solle einsteigen. Ich sagte kein einziges Wort zu dieser Frau. [...] Es war schwer, meine community langsam im Rückfenster verschwinden zu sehen. [...] Ich weinte um meine Oma, meine Mutter. [...]

Sie haben mich in diese kleinen Räume gesteckt und eingesperrt. Die einzige Möglichkeit, das zu überstehen, war wegzulaufen. [...] Aus irgendeinem Grund hatte niemand irgendwelche Fragen. „Was macht da ein kleines Kind am Straßenrand? Warum versucht es in sein Heimatreservat zurückzukommen?" [...]

[...] Ich versuchte mein Bestes, um mich von den Gewohnheiten, die ich an der Christie Roman Catholic school in Tofino, Vancouver Island, gesehen und erlebt

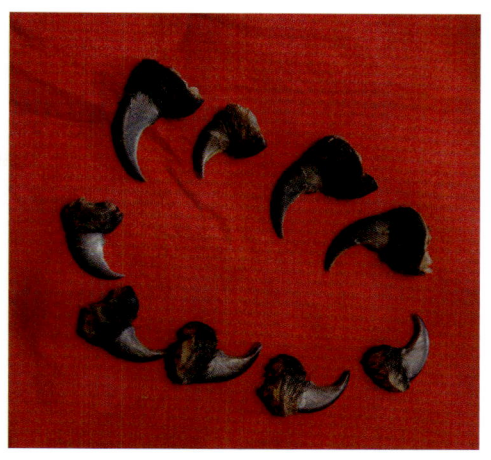

Bärenkrallen, die Stuart für seine Regalia nutzen möchte. Sein Spirit Animal ist der Bär.

hatte, fernzuhalten und sie sorgten ebenfalls dafür. [...] Sie würden bestimmte Dinge tun, die mich körperlich, geistig und sexuell verletzten. Die einzige Möglichkeit, mich vom Weinen abzuhalten, war, dass sie versuchten, mich zu beschwatzen. [...] Sie brachten mich in diese kleinen Räume, in denen es Tausende von Spielsachen gab. [...]

Das erste Jahr war das schwierigste. Im zweiten Jahr ging es darum, ihre Sitten zu lernen. Es war schwer, weil [...] sie uns für dumm hielten [...], weil wir im ersten Jahr kein einziges Wort Englisch verstanden. Das war der schwierigste Teil, weil sie diese Berichte auch in den öffentlichen Schulen verwendeten. Wohin ich danach auch ging, meine Geschichte folgte mir. Alle meine Schulzeugnisse...

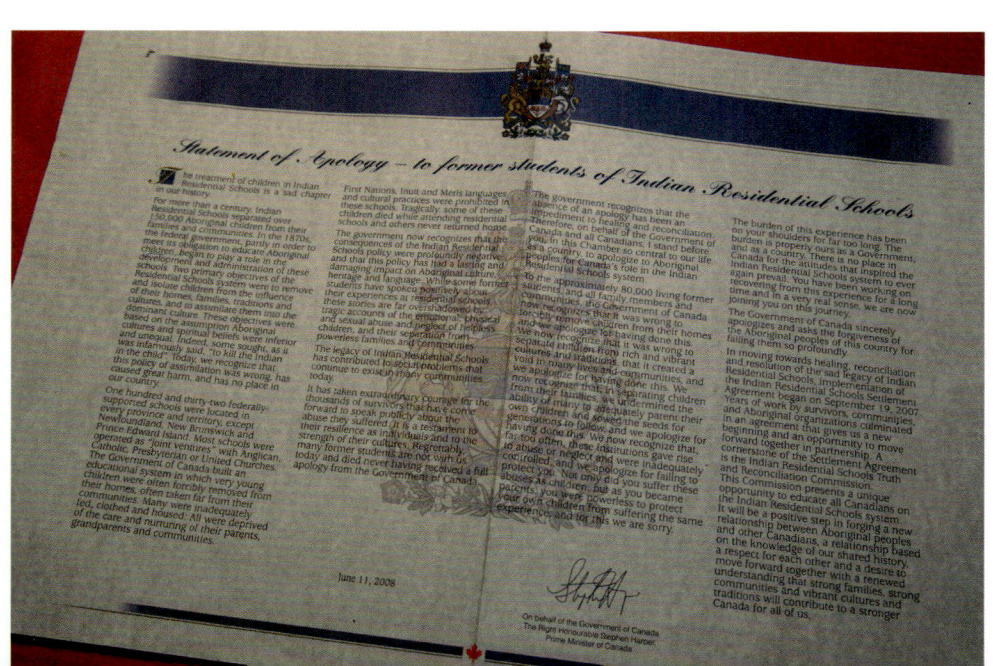

Das Entschuldigungsschreiben der kanadischen Regierung an Stuart

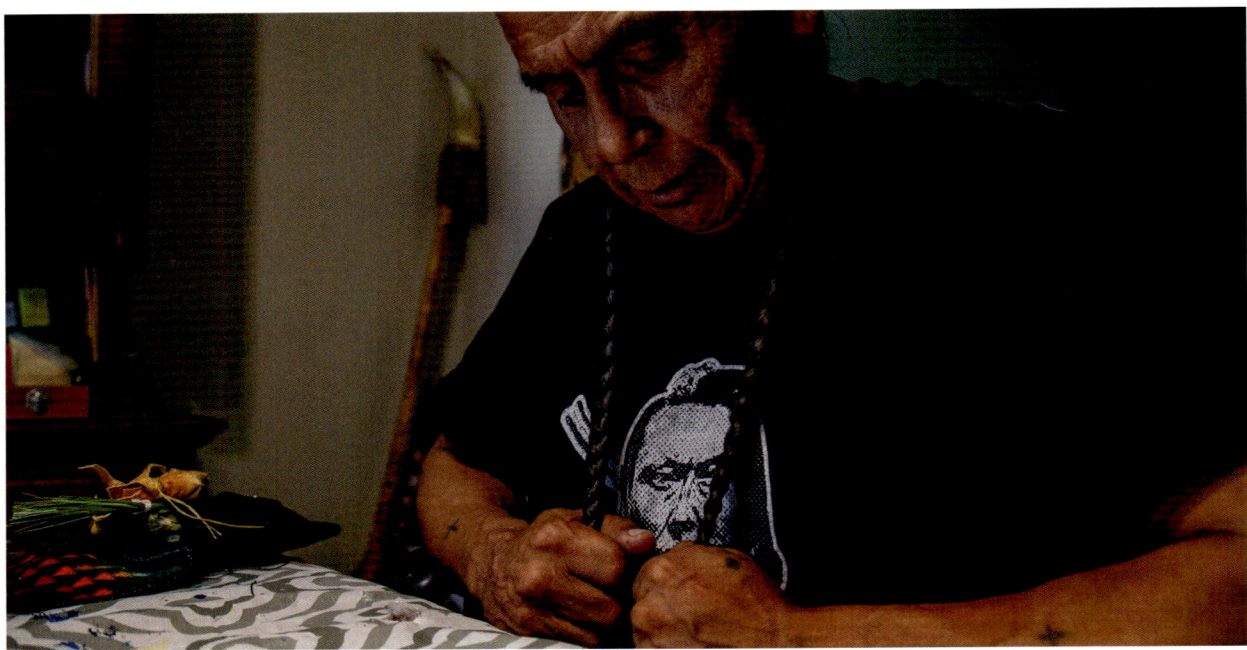

*Stuart an seinem
Küchentisch zu Hause in
Merritt, B.C.*

*Stuart in seiner
Regalia auf der Kamloopa
Powwow, 2022*

Sie versuchten, uns in den Hockey-Sport einzuführen, um unsere Gedanken von dem, was dort vor sich ging, abzulenken. Das ist die einzige Sportart, an die ich mich erinnern kann, die sie uns beizubringen versuchten und die uns daran hindern

sollte, zu fliehen. [...] Ich habe gesehen, dass damals einige von uns in ziemlich schlechter Verfassung waren. Es gab keine Duschen, keine saubere Kleidung. [...]

Sie legten uns die Bibel vor die Nase und lehrten uns über Gott. Sie haben uns dazu gezwungen zu lesen, obwohl wir nicht lesen konnten. [...] Es wurde uns einfach aufgezwungen. 24/7. Und wenn wir uns nicht daran hielten, landeten wir in abgeschlossenen Räumen. Ich habe etwa zwei Jahre meines Lebens in einem abgeschlossenen Raum verbracht und aus dem Fenster geschaut, während all die anderen Kinder spielten oder sich gegenseitig halfen. Sie nannten es das „Krankenzimmer". „Das sind die kranken Kinder". Niemand wollte sich uns nähern, mit uns reden. Die einzige Möglichkeit, ein gutes Gefühl zu bekommen, war, durch die Decke des Gebäudes zu entkommen. Wir machten uns auf den Weg in die Küche. [...] Es gab nur Obst, damit wir nicht fett werden konnten. [...] Wir sind auch an den Strand geflohen, um den Wellen zu lauschen. Das hat uns vom Weinen und von den Albträumen weggebracht. Viele von uns wollten nicht zurück in die Schule gehen, aber wir mussten es. Sie würden unsere Eltern anklagen, wenn wir fliehen würden. [...]

Wie hast du es geschafft, die Residential School zu verlassen?

Ich wurde dort so schwer verletzt, dass ich in der Notaufnahme landete. [...] Ich war in ihrem Krankenhaus. Als sie merkten, dass zu viele Vorfälle passierten, nahmen sie mich weg und begannen, mich in Pflegefamilien unterzubringen. [...] Jungenwohngruppen, christliche Wohngruppen. Sie haben mich später zu meiner Familie gebracht, aber erst als ich ein Teenager war. [...] Es hörte einfach nie auf, bis ich 16 Jahre alt war.

Was passierte nach deinem 16. Lebensjahr?

Als ich merkte, dass ich es nicht mehr aushielt, zog es mich in die Alkoholsucht... Ich erinnere mich, dass das letzte Mal, als ich einige dieser Leute aus Port Alberni und Tofino sah, sie mich im Krankenhaus besuchten. Ich hatte versucht, mich zu Tode zu trinken. Ich erinnere mich, dass sie mir sagten, ich müsse dieses und jenes tun. [...] Sie wollten, dass ich in ein ande-

Die Zeder gilt in der indigenen Kultur der Nordwestküste Kanadas als heilig. Sie kommt unter anderem in der Kleidung und Schmuck, als Medizin, zum Räuchern oder beim Kanubau zum Einsatz.

res Heim oder so komme. Ich sagte nur: „Genug ist genug!" Ich bin gegangen. Ich habe nicht einmal etwas gepackt. [...] Ich bin einfach zum Highway gelaufen und landete für vier Jahre meines Lebens auf der Straße. Ich schlief auf Parkbänken. [...]

Irgendwo in der Nähe von Whistler, B.C.

29

Stuart vor seiner Sweat Lodge in seinem Garten in Merritt, B.C.. Eine Sweat Lodge ist ein heiliger Ort der Begegnung, des Betens und der Heilung. Sie soll das Gefühl des Geborgenseins in einem Mutterleib herstellen.

30

Lavasteine in der Sweat Lodge

Hast du von der kanadischen Regierung eine Entschädigung für die Misshandlung erhalten?

Die Regierung hat eine Menge versprochen. Sie versprachen eine Entschädigung für die Narbe, die Kopfverletzung, die ich mein ganzes Leben lang haben werde. Sie versprachen eine Menge, aber sie haben es nicht gehalten. [...] Sobald du Ja zu ihren Entschädigungspaketen sagst, [...] nehmen sie dir sowieso gute 80 Prozent des Geldes weg. [...] Ich habe drei Anwälte eingeschaltet, um meinen Fall zu vertreten. Zwei verschiedene Residential Schools sagten, es sei meine Schuld, dass ich als Kind verletzt wurde [...]. Beide sagten, dass ich als menschliches Wesen nichts verdiene. Ich will nicht mehr zu den Anwälten da draußen gehen, weil ich einfach kein Glück zu haben scheine.

Außerdem habe ich immer noch den großen Entschuldigungsbrief von der Regierung... Präsident Trudeau und Königin Elisabeth II. Oben auf der Karte steht groß geschrieben: „Residential School Survivor. Entschuldigungsbrief". Den habe ich immer noch. Er hat mir mal etwas bedeutet, aber die Entschuldigungen und all die

Dinge, die sie den Überlebenden versprochen haben, wurden nicht eingelöst. [...] Ich hatte kein einfaches Leben. Ich hatte Epilepsie [...] und musste Tabletten nehmen. [...]

Auf dem Altar vor der Sweat Lodge legt man beispielsweise seinen Schmuck, Federn, Schlüssel oder Brillen ab. Die Gegenstände werden hier gereinigt und gesegnet.

Stuart's Narbe am Hinterkopf

Wäre mehr Geld für dich eine angemessene Entschädigung? Wofür würdest du das Geld verwenden?

[...] Ich betrachte das nicht als „reiche Person", aber das Geld würde meiner Gesundheit helfen. Ich könnte davon die Fachärzte bezahlen. [...] Ich leide unter der Narbe [...]. Ich leide an meinem Kurzzeitgedächtnis. Ich kann mich nur an sechs Prozent der Menschen erinnern, die ich treffe.

Ich erinnere mich noch an den Moment, als du 2022 bei der Kamloopa Powwow mit offenen Armen auf mich zukamst und mich gefragt hast, was ich dort mit meiner großen Kamera mache. Du warst so offen und hast die ganze Zeit gelächelt.

Ich habe 48 Jahre lang getrauert, aber nachdem ich mir die Haare wachsen ließ und meine Kultur studierte, tanzte, sang, betete und in die Berge ging, wurde mir klar, dass ich wiedergeboren wurde und eine neue Chance bekam. Sie können mich nicht mehr verletzen. Sie können mir nicht mehr die Haare schneiden. Sie können mich nicht mehr wegbringen. Das ist Geschichte! [...] Ich bin ein Überlebender! [...]

Ich musste lernen, meine Trauer loszulassen. Ich musste lernen, mit dem umzugehen, was mir gegeben wurde, bevor sie mich wegbrachten. Ich tanzte einst auf Potlachtes und sang. [...] Die Powwows haben mir geholfen, mein Leben zu leben. [...] Mir wurde dadurch beigebracht, wie man reflektiert und wie man positiv lebt. Seitdem bin ich nüchtern, clean [...]. Ich tanze für die Öffentlichkeit, für Schulen. Ich trete für diejenigen auf, die nicht tanzen können. [...] Wenn ich im Leben weiter positiv vorangehe, werden meine Kinder und die nächste Generation, folgen! [...] Ich selbst habe keinen Hass oder Ärger gegen meine Geschichte. [...]

Steht deine Regalia in Verbindung mit deiner Biografie?

Die Motive auf meiner Regalia stehen für die Tage, an denen ich auf dunklen Pfaden wandelte. Die Farben stehen für die Veränderung in meinem Leben. [...] Auf meinen seitlichen Drops [...] sieht man das Rote Kreuz, das für die Zeit steht, in der ich meinen Körper, Geist und Seele verletzt habe. Es war meine Zeit der Heilung. Die drei rosa Fäden stehen für die Frauen in meinem Leben. [...] Meine Töchter, meine Frau. Die schwarzen Berge, die du sehen kannst, diese schwarzen Zacken, das war mein dunkler Weg. Auf und ab, auf und ab. [...] Das Medizinrad steht für die Heilungsreise, auf der ich mich befunden habe. Die zwei Tipis stehen für zwei Familien, zwei Nationen. Ich bin ein First Nation von Vancouver Island und meine Frau ist eine First Nation aus der Interior Region, B.C.. Die Farbe Blau steht für das, was ich heute sehe. [...] Ich sehe endlich den blauen Himmel. [...]

Die Regalia ist heilig. Ich habe gelernt, meine eigene Regalia herzustellen. [...] Das bedeutet mir mehr [...], als wenn ich sie kaufen oder geschenkt bekommen würde. [...] Das Selbermachen hat mir zu 100 Prozent geholfen. Deshalb kann ich jetzt strahlen und die Leute anlächeln. [...]

Vielen Dank, dass du deine Geschichte erzählt hast, Stuart!

Ich habe die Zeit mit dir heute sehr geschätzt. Es ist wichtig, darüber zu reden, denn niemand hört mir zu. [...] Sie lassen uns in den Nachrichten wie ein Problem klingen, wenn sie sagen: „Oh, Residential hier, Residential dort... sie fragen nach ihrem Geld..." Dabei hätten sie uns wirklich aushelfen können. In B.C. ist es schwer, seine Stimme zu erheben oder die Leute zum Zuhören zu bringen.

Métis

Comeback eines vergessenen Volkes

*Die spannenden Wagen-
rennen gehören zu den
Höhepunkten des alljähr-
lichen Back-to-Batoche
Festivals in Batoche
(Saskatchewan).*

Back to Batoche: sehen und gesehen werden

(21) und Cienna (19) führt er soeben den Red River Jig auf. Ein lebhafter Tanz mit schnellen Schritten, bei denen die Füße kaum den Boden verlassen, ist der von ansteckender Fiddlemusik begleitete Jig – der traditionelle Tanz der kanadischen Métis und ihrer First Nations-Verwandten.

Tradition und Moderne

Plötzlich dröhnt der Rap-Klassiker „Everybody Dance Now" aus den Lautsprechern. Die drei strahlen um die Wette und verschmelzen ihren Jig mit mitreißenden Break-Dance- und Hip-Hop-Moves. Das jugendliche Publikum tobt. Mikey hat wieder einmal sein Ziel erreicht. „Nur so können wir die Kids für unsere Kultur und Geschichte begeistern", sagt er. „Vor 150 Jahren wurde unser Red River Jig als Kriegstanz diffamiert und verboten, aber wir tanzten im Geheimen weiter", fügt Jacob hinzu. Mikey wird ernst. „Louis Riel sagte, unser Volk würde nach hundert Jahren erwachen und es würden unsere Künstler sein, die ihm seine Lebenskraft zurückgeben. Das waren seine Worte, bevor sie ihn umbrachten." Mikey, von Berufswegen Choreograph und als „Dizzy Feet" ein Tik-Tok-Star mit Millionen Followern, atmet tief durch. „Genau das passiert gerade. Immer mehr von uns besinnen sich auf unsere Kultur!"

Statt Krawatte: Bolo Tie mit Métis-Symbol

Kanadas Métis tanzen wieder, und das nicht nur wortwörtlich. Lange ignoriert und marginalisiert, erlebt ihre in Nordamerika einzigartige Mischkultur eine erstaunliche Renaissance. Ole Helmhausen war auf Spurensuche.

Back to Batoche Days, eine Autostunde nördlich von Saskatoon (Saskatchewan): Michael „Mikey" Harris ist ein Monster. Der 23-Jährige hat alles im Überfluss: Talent, Coolness, entwaffnenden Charme und die schnellsten Füße, die ich je gesehen habe. Scheinbar mühelos lassen sie seinen massigen Körper über die Bühne schweben. Mit seinen Geschwistern Jacob

Komplexe Historie

Wer sind die Métis? Die kurze Definition bezeichnet die Métis als die Nachkommen meist frankokanadischer Pelzhändler und ihrer indigenen Frauen zwischen Atlantik-Kanada und Alberta. Die kanadische Verfassung erkennt sie – neben den First Nations und Inuit – seit 1982 als die dritte Ureinwohnergruppe des Landes an. Sie wurden oft als „Kanadas vergessenes Volk" bezeichnet, weil sie nach ihrem Aufstand im heutigen Saskatchewan 1885 („North-West Rebellion") bis in die 1980er-Jahre diskriminiert und ignoriert wurden und während dieser Zeit nicht auf dem nationalen Radar erschienen. Das änderte sich mit ihrer verfassungsrechtlichen Anerkennung und einer Reihe von Gerichtsverfahren, die ihre Probleme und ihre Kultur ins Rampenlicht rückten.

Die zweite Definition ist erheblich länger und schmerzhafter. Im 18. Jahrhundert bildete sich ein nationales Wir-Gefühl. Dieses verstärkte sich später im heutigen

Manitoba, als die am Red River lebenden Métis sich gegen die Versuche der Hudson´s Bay Company wehrten, ihre Lebensweise als freie Pelzhändler zu beschränken. Raufereien mit HBC-Angestellten mündeten in blutige Gefechte wie dem bei Seven Oaks im Jahr 1816, bei

Erfreulich: die jungen Métis entdecken ihre Kultur

Einst geächtet, heute gefeiert: alt und jung beim munteren Red River Jig

dem zum ersten Mal die Métis-Flagge wehte. Andere identitätsstiftende Ereignisse folgten. Beispielsweise umgingen Hunderte Métis-Jäger als „gens libres" (deutsch: „freie Menschen") das HBC-Pelzhandelsmonopol, indem sie sich im Kampf gegen die Lakotas den Zugang zu den reichen Bison-Jagdgründen in North Dakota (USA) sicherten. Doch dann widersetzten sich die Métis dem neuen kanadischen Staat.

Fulminantes Festival

Was für eine Lebensfreude auf dem „Back to Batoche"-Festival! Storyteller mit tradi-

tionellen Schärpen scharen die Kleinsten um sich und bringen ihnen ein paar Sätze auf Mitchif bei, die alte aus dem Französischen und Cree entstandene Sprache. Männer in Jacken mit leuchtenden Blumenmustern treffen sich zum Axtwerfen und Bogenschießen. Im Hauptzelt wird zu Livemusik getanzt. Das Wagenrennen zieht die meisten Zuschauer an. Mutige Jockeys in selbst gebauten, an römische Streitwagen erinnernden Sulkys müssen nach dem Startschuss ihre Pferde erst um ein paar Fässer manövrieren, bevor es mit Vollgas in die erste Kurve der nur zwei Kilometer langen Rennstrecke geht. „Für uns sind die Back to Batoche Days

Auf heiliger Erde: Während der Back to Batoche Days feiern die Métis ihre Kultur und Geschichte.

wie eine Wallfahrt", sagt Jimmy Tourond, ein Métis-Ältester. „Batoche war der letzte Ort, an dem wir für unsere Rechte als Métis kämpften. Hier sind wir zu Hause. Hier sind unsere Vorfahren gestorben, damit wir heute hier sein können."

Erinnerungsstätte

Das war im Mai 1885. Gleich neben dem Festivalgelände erinnert die Batoche National Historic Site an die viertägige, als „Battle of Batoche" in die kanadische Geschichte eingegangene Schlacht zwischen 300 Métis und First Nations unter dem Befehl von Louis Riel und Gabriel Dumont gegen 800 von Ottawa geschickte Soldaten. Vorangegangen waren Petitionen, gebrochene Versprechen und nicht eingehaltene Verträge. Besorgt um ihre Landrechte angesichts der Zuwanderung neuer Siedler, hatte man das Métis National Committee gegründet, aus dem 1869 eine provisorische Regierung unter Louis Riel hervorging. Diese handelte in Ottawa den Manitoba Act aus, der Manitoba als neue Provinz innerhalb der kanadischen Konföderation festschrieb und unter anderen auch Verpflichtungen zum Schutz der Landrechte der Métis enthielt. Diese wurden jedoch entweder erst nach Jahren oder gar nicht implementiert. Die weiterhin ins Land strömenden Siedler standen den meist nur französisch oder Mitchif sprechenden Métis feindlich und oft rassistisch gegenüber.

Widerstand

Zugleich erschwerten immer neue Gesetze und Änderungen des Manitoba Act es den Métis, sich gegen profitgierige Spekulanten zu wehren. Während der nächsten Jahre verließen rund zwei Drittel der rund 10.000 Métis Manitoba die Richtung Saskatchewan. Dort wiederholte sich die Geschichte: Als die wachsenden Métis-Gemeinden versuchten, ihre Landtitel in Ottawa zu klären, wurden sie ignoriert. Stattdessen

Ole Helmhausen

Reisejournalist, Blogger und Social-Media-Experte, lebt seit 1993 in Kanada. Seitdem bereist er das Land kreuz und quer, stets auf der Jagd nach neuen Geschichten für GEO, FAZ, Spiegel-Online – und 360° NordAmerika. Ole lebt in Montréal. Mehr unter: *out-of-canada.olehelmhausen.de*

Nicht minder beliebt und geschätzt: die Auftritte populärer Métis-Künstler

Mikey Harris in Aktion

38

handelte die kanadische Regierung Verträge mit den First Nations aus, um Land für den Bau von Eisenbahnen an sich zu ziehen. Zutiefst frustriert, erklärten die Métis im März 1885 Saskatchewan für unabhängig und wählten Louis Riel und Gabriel Dumont zu ihren politischen und militärischen Führern.

Zeitreise

Heute stehen von Batoche nur noch das Kirchlein, ein Pfarrhaus und ein paar rekonstruierte Häuser. Ich wandere durch hohes Gras zu den Schützengräben, in denen die Métis dem kanadischen Militär vier Tage im Mai 1885 standhielten – und lese die Namen der gefallenen Verteidiger. Batoche war 1872 von Métis aus Manitoba gegründet worden und hatte als de-Facto-Hauptstadt von Saskatchewan zu Beginn der so genannten „Northwest Rebellion"

travelmanitoba.com
tourismsaskatchewan.com/deutsch

ANREISE
Winnipeg (Manitoba) und Saskatoon (Saskatchewan) sind via Montréal und Toronto aus täglich erreichbar.

MANITOBA
Le Musée de Saint Boniface Museum: Museum in Winnipeg zur Entstehung des Métis-Volkes und zum Leben von Louis Riel, Eintritt: 7 CAD; 494 Tache Ave, Winnipeg, MB R2H 2B2, *msbm.mb.ca*

Riel House National Historic Site: Zweisprachige Métis-Guides führen durch das bescheidene Geburtshaus des Métis-Führers. Eintritt: 4 CAD; 330 River Rd, Winnipeg, MB R2M 3Z8, *parks.canada.ca/lhn-nhs/mb/riel*

Prime Time Outdoors: JP Carrière in St-Laurent am Lake Winnipeg organisiert Angeltrips und Quad-Touren und lädt zu Begegnungen mit seiner Métis-Familie ein; *primetimeoutdoors.ca*

SASKATCHEWAN
Batoche National Historic Site: Historische Stätte, Eintritt: 12,50 CAD; Highway 225, Batoche, SK S0K 3R0, *parks.canada.ca/lhn-nhs/sk/batoche*

Back to Batoche Days: Großes Festival; *metisgathering.ca/back-to-batoche*

Aski Holistic Adventures: Cree-Métis Michela bietet geführte Touren durch die Wildnis Nord-Saskatchewans nach Métis-Art und gibt traditionelles Wissen über Pflanzen und Überlebenstechniken weiter – Unterbringung in rustikalen Wildnishütten; *askiholisticadventures.com*

1200 Einwohner. Ihre Niederlage und die Hinrichtung Riels wegen Hochverrats in einem juristisch fragwürdigen Prozess führten zu einer zweiten Abwanderung, vor allem nach Alberta, und zu einer weiteren Schwächung ihres Zusammenhalts und politischen Einfluss.

Unterdrückung

Kanadas Premierminster John A. Macdonald formulierte wenig später eine Sichtweise, die der Leugnung der Métis-Identität im nächsten Jahrhundert Vorschub leistete: „Wenn sie Indianer sind, gehören sie zum Stamm; wenn sie Halbblüter sind, sind sie Weiße." Wenn Métis Landzuteilungen (oder deren Gegenwert) erhielten, wurden diese in der Regel als Papierscheine gewährt – als übertragbare Zertifikate, die sie unter dem Druck skrupelloser Spekulanten oft weit unter Wert und an Ort und Stelle verkauften. Bis Mitte der 1900er-Jahre veranlassten Armut und Rassismus im Zusammenhang mit der Identifizierung als „Mischling" viele Métis dazu, diesen Teil ihres Erbes zu verleugnen.

Eine besonders unwürdige Rolle spielten die berüchtigten Internate, die Residential Schools: Dort litten, wie Kinder der First Nations, auch die Kinder der Métis. Hohe Sterberaten, Mangelernährung, unhygienische Unterkünfte, hohe Arbeitsbelastung und sexueller Missbrauch waren häufig. Bis heute erinnern sich viele Métis an die Ablehnung der kanadischen Gesellschaft: Für die Residential Schools waren sie zu „weiß", für die öffentlichen Schulen dagegen zu „indianisch". Fünf Generationen wurden so marginalisiert – und vergessen.

Neue Blüte

Hat Louis Riel mit seiner Prophezeiung Recht behalten? Im 20. Jahrhundert wurden Métis-Organisationen auf Provinzebene gegründet, konnte Siedlungsland gesichert und die Anerkennung als dritte Ureinwohnergruppe erlangt werden. Und tatsächlich scheinen es die Künstler zu sein, die ihrem Volk bei der Rückbesinnung helfen. Zahlreiche Schriftsteller, Künstler, Musiker und Schauspieler verleihen ihrer Kultur eine Stimme. Mikey Harris glaubt Riel. „Klar finden einige unsere Ältesten es nicht so toll, dass wir den Red River Jig mit Hip Hop mischen", grinst er. „Aber du solltest mal sehen, wie viele Kids sich bei mir dafür bedanken, dass wir sie inspirieren und Métis sein cool machen!"

Northwest Territories

In Wanderschuhen durch die Wildnis

Unterwegs auf dem Canol Trail

Die Northwest Territories sind ein wahres Wildnis-Paradies mit unendlich vielen Wanderwegen durch malerische Landschaften – von befestigten Pfaden bis hin zu abenteuerlichen Steigen im großartigen Hinterland des Nordens. Wir stellen Euch die coolsten Trails durch die wilden und wunderbaren Northwest Territories vor.

Canol Trail

Der 355 Kilometer lange Canol Trail folgt einer stillgelegten Militärstraße, die einst die Mackenzie Mountains durchquerte, und ist möglicherweise Nordamerikas härtester Wanderweg. Die meisten Wanderer benötigen in der Regel drei Wochen, um die Strecke zwischen Norman Wells und der Grenze zum Yukon Territory zurückzulegen. Verpflegung, Ausrüstung und ein aufblasbares Floß führen sie dabei stets mit sich, um die vielen reißenden und von Gletschern gespeisten Flüsse zu überqueren.

Twin Falls Gorge Trail

Der leicht zu bewältigende Trail folgt dem Lauf des wunderschönen Hay River Canyons. Er beginnt im Städtchen Enterprise und führt über acht Kilometer durch ein üppiges boreales Waldgebiet in Richtung Süden. Der Weg ist gut ausgeschildert und bietet großartige Ausblicke auf die klaffende Kalksteinschlucht und die wunderbaren Naturschätze des Twin Falls Gorge Territorial Parks, darunter die Zwillings-Wasserfälle Louise Falls und Alexandra Falls, an denen der Pfad endet.

Ram Plateau

Das monumentale Ram Plateau im Nahanni National Park ist eine kleine Erinnerung daran, dass in den Northwest Territories die Natur regiert. Die Hochebene gleicht einer enormen Tischplatte aus Dolomit, die von den Mackenzie Mountains umgeben und von steil abfallenden Canyons durchzogen ist. Auf diesem faszinierenden Tafelberg gibt es jede Menge Leben: Dallschafe, Bären, Bergkaribus, Greifvögel und eine Unmenge alpiner Wildblumen.

Sunblood Peaks

Eine Wanderung zum 1450 Meter hohen Gipfel, der sich über den legendären Virginia Falls erhebt, ist vielleicht eines der prominentesten Erlebnisse im Nahanni National Park. Der 16 Kilometer lange Rundweg beginnt direkt auf der anderen Flussseite des Virginia Falls Campgrounds, führt in nordöstliche Richtung durch einen alten Fichtenwald und schließlich über einen offenen Bergrücken zum Gipfel. Einzigartige Panorama-Ausblicke sind dabei garantiert!

Portage an den Virginia Falls

Die Portage dient eigentlich den Paddlern, um ihr Kanu oder Kajak um den legendären Wasserfall des Nahanni National Parks herumzutragen. Der zwei Kilometer lange Pfad, der bergab über einen Holzsteg führt, sollte jedoch auch Wanderern nicht vorenthalten werden! Der Trail beginnt oberhalb der Virginia Falls und bietet einen atemberaubenden Blick auf die Stromschnellen der Sluice Box Rapids, an denen der Nahanni zu einem reißenden Strom wird. Ein Stück weiter teilt der riesige Mason's Rock den Fluss in zwei Teile. Schließlich windet sich der Pfad zu einem Aussichtspunkt an der Abbruchkante der Virginia Falls, wo sich die Wassermassen 30 Stockwerke in die Tiefe stürzen und am Boden mit furchterregender Wucht explodieren. Der Weg endet an dem gepflasterten Strand unterhalb der Fälle – ein perfekter Ort für ein Picknick.

Unterwegs an den Virginia Falls

BUCHTIPP
Der Norden Kanadas
66 Tipps abseits der ausgetretenen Pfade

Die Northwest Territories sind touristisch bisher nur schwach erschlossen und bieten gerade aus diesem Grund erstklassige Reisebedingungen für Naturliebhaber und Abenteurer. Zahllose Seen, Tundra und Permafrost verleihen der arktischen Landschaft ihren ganz besonderen Reiz. Durch die eindrucksvolle Landschaft des Yukon führen einige der schönsten Straßen der Welt, darunter der Alaska Highway und der Dempster Highway. Dabei lassen sich beispielsweise geschichtsträchtige Orte wie Dawson City und der atemberaubende Kluane National Park entdecken. In Alaska laden spektakuläre Gebirge, Tundralandschaften, farbenfrohe Seen und eisige Gletscher zum Entdecken ein. Mit 66 Tipps bringen Ihnen die Autorinnen und Autoren dieses Buches den Norden des nordamerikanischen Kontinents mit Vorschlägen für vielfältige Outdoor-Aktivitäten, darunter Wanderungen, Kajak-Ausflüge, Rafting und Gletscherwanderungen näher.

Michaela Arnold | Holger Bergold |
Martin Pundt | Karin Schreiber
360° medien; 1. Auflage (Dezember 2022)
388 Seiten, 353 Fotos, 10 Karten
Format: 16,5 x 11,5 cm
Preis: 18,95 EUR
ISBN: 978-3-96855-201-9
Bestellen unter:
360grad-medienshop.de/Norden-Kanadas
oder im Buchhandel

*Wandern im Nahanni
National Park*

Sambaa Deh Canyon

Bei der Fahrt von Fort Providence nach Fort Simpson ist ein Stopp an der klaffenden Schlucht des Sambaa Deh Canyons ein Muss. Hier, ganz in der Nähe der Gemeinde Jean Marie River, schneidet sich der Trout River seinen Weg durch einen dichten Fichtenwald. Die meisten Besucher fotografieren den kleinen Wasserfall an der Straße, wo sich der Fluss durch einen schmalen Spalt aus Kalkstein zwängt und über eine steil abfallende Kante schießt. Wenn man jedoch dem dichten Netz an Wanderwegen folgt, das sich entlang des Canyons zieht, gibt es weitaus mehr zu entdecken! Etwa 1,5 Kilometer stromaufwärts liegen beispielsweise die idyllischen Coral Falls, die ihren Namen den zahlreichen fossilen Korallen verdanken, die in der Region gefunden wurden.

Cameron Falls Trail

Eine schöne kleine Wanderung durch die typische nördliche Landschaft des kanadischen Schildes ist rund 45 Kilometer östlich von Yellowknife zu finden. Der Cameron Falls Trail windet sich hier durch immergrüne Wälder, über Holzstege und hügelige Felsvorsprünge, bis man rund 20 Minuten später den Aussichtspunkt vis-à-vis des Wasserfalls erreicht. Hier stürzt sich der Cameron River auf 17 Metern entlang einer schrägen Steinwand in die Tiefe. Ab nun geht es flussaufwärts weiter, bis man über eine Brücke auf die andere Flussseite gelangt, wo exzellente Picknick- und Angelmöglichkeiten sowie an heißen Tagen Badespaß am Fuße des Wasserfalls warten.

Canol Trail: *normanwells.com*
(umfangreicher Canol Trail Wanderführer ist hier erhältlich *canol.trail@theedgenw.ca*)

Twin Falls Gorge Trail:
*nwtparks.ca/explore/waterfalls-route/
louise-falls-campground-twin-falls-gorge*

Nahanni National Park (Ram Plateau, Sunblood Peaks, Virginia Falls): *pc.gc.ca/en/pn-np/nt/nahanni*

Sambaa Deh Canyons: *nwtparks.ca/explore/
waterfalls-route/sambaa-deh-falls*

Cameron Falls Trail: *nwtparks.ca/explore/
ingraham-trail/cameron-falls*

Journal

Magazin der Deutsch-Kanadischen Gesellschaft e.V.

Ausgabe: 3/2023

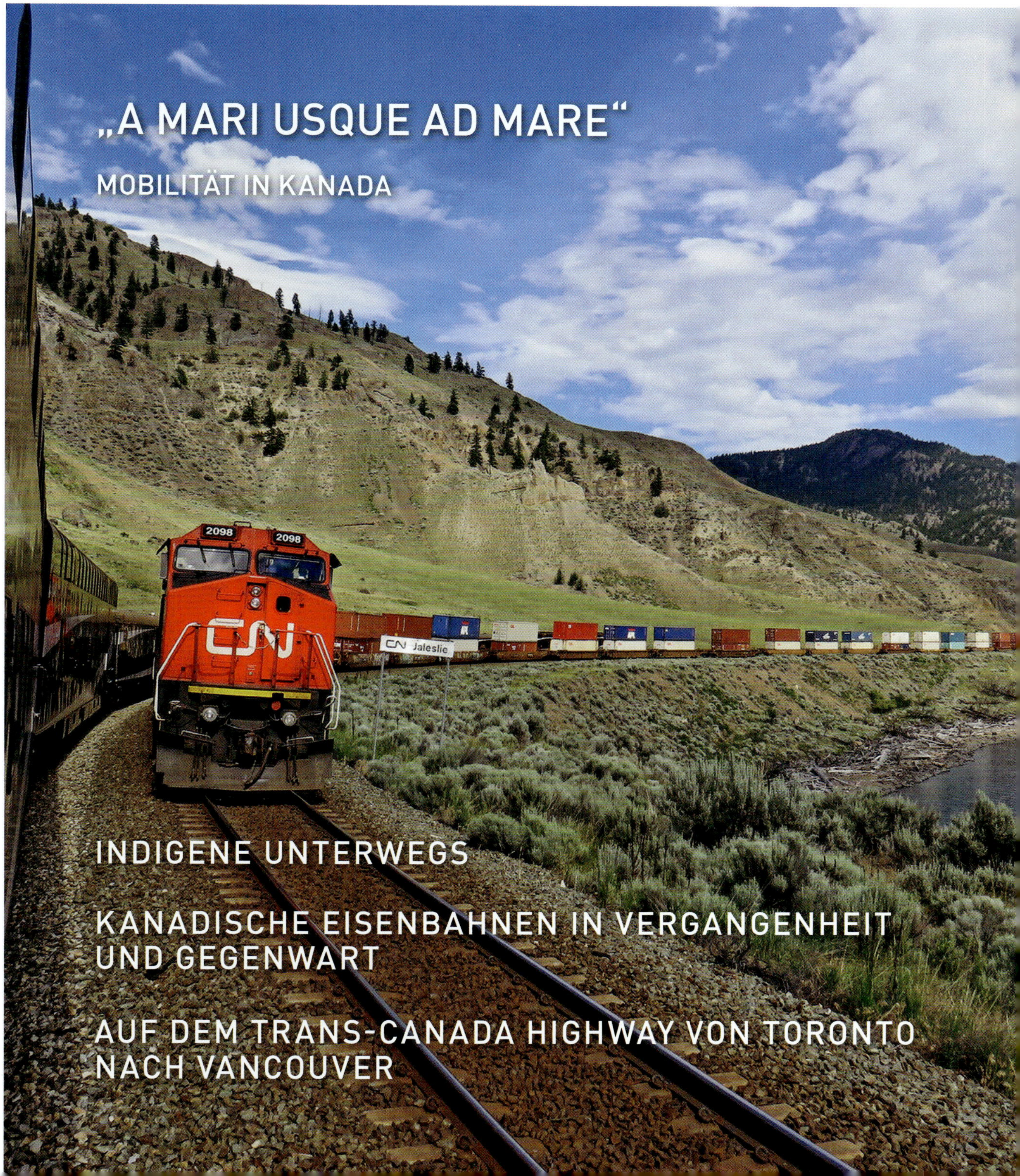

„A MARI USQUE AD MARE"

MOBILITÄT IN KANADA

INDIGENE UNTERWEGS

KANADISCHE EISENBAHNEN IN VERGANGENHEIT UND GEGENWART

AUF DEM TRANS-CANADA HIGHWAY VON TORONTO NACH VANCOUVER

LIEBE MITGLIEDER DER DKG,
LIEBE LESERINNEN UND LESER,

im Gegensatz zu einem dicht besiedelten Land wie Deutschland, wo die Distanzen zwischen Städten und Ortschaften relativ gering sind und aufgrund einer verkehrstechnisch engmaschigen Infrastruktur zügig überwunden werden können, stellt sich die Situation in Kanada ganz anders dar. Windsor (Ontario) ist die südlichste Stadt des nach Russland zweitgrößten Landes der Erde. Die nördlichste dauerhaft bewohnte Ansiedlung, 834 Kilometer vom Nordpol entfernt, ist Alert an der Nordspitze von Ellesmere Island im Territorium Nunavut. Die beiden Orte liegen 4634 Kilometer auseinander. In ost-westlicher Richtung sind St. John's (Newfoundland and Labrador) und Victoria (British Columbia) mit einer Distanz von 5061,66 Kilometern Luftlinie am weitesten voneinander entfernt.

Verkehrsreiche Städte, in denen 81,65% der Bevölkerung leben, eine Flächenausdehnung von 357.592 km² und riesige Entfernungen im nicht-urbanen Raum nötigen den zuständigen Behörden und Unternehmen die Bereitstellung einer Mobilität garantierenden Infrastruktur sowie geeigneter Verkehrsmittel ab.

Die vorliegende Ausgabe des DKG-Journals versucht, sich anhand ausgewählter Aspekte des Themas „Mobilität in Kanada" aus historisierender wie aktualisierender Perspektive anzunehmen. Am Anfang der Beiträge steht eine Skizze der von den Indigenen genutzten Fortbewegungs- und Transportmittel und deren Wandel in der Folge technischer Neuerungen. Für die Erschließungs- und Entwicklungsgeschichte Kanadas stellte der Pelzhandel ein wesentliches Antriebsmoment dar. Welche Rolle dabei den Flüssen, Seen, Portages, Kanus und York Boats, mit denen die Voyageurs die Felle zu den Handelsposten transportierten, zukam, zeigt ein ‚rückwärtsgewandter' Aufsatz. Wenn Kanadas Nationalmotto „a mari usque ad mare" lautet, so deutet dies nicht zuletzt auf die Relevanz der Canadian Pacific Railway (CPR) auf dem Weg zur Konföderation hin. Die CPR und das heutige kanadische Eisenbahnwesen sind Gegenstand einer vergangenheits- wie gegenwartsorientierten Beschreibung. Dass Bahnfahrten

noch immer attraktiv sein können, ist einem Bericht zu entnehmen, der die Erlebnisse des Autors und seiner Frau während ihrer Reise im Hudson Bay Express von Winnipeg nach Churchill den Lesern schmackhaft macht. Gleichwohl stehen Kraftfahrzeuge in der Hierarchie der Fortbewegungsmittel ganz oben. Auf dem 8030 Kilometer langen Trans-Canada Highway (TCH) kann man das Land komplett von Ost nach West durchqueren. Und wer z.B. in den hohen Norden oder unwegsames Gelände möchte, sollte sich am besten in einer Twin Otter mit Schwimmern zu seinem Ziel fliegen lassen. Ein weiterer Beitrag schildert denn auch eine Reise im Automobil von Toronto nach Vancouver auf dem TCH, während eine kurze Reportage Einblick in die Bedeutung von Kleinflugzeugen für den regionalen (Personen-)Transport skizziert. Am Ende des Themenschwerpunkts greift ein Artikel den Bau des für Toronto so wichtigen Bloor Street Viadukts auf, das, wie Michael Ondaatje in einem seiner Romane darstellt, vor allem mit Hilfe zugewanderter Arbeitskräfte aus dem Balkan verwirklicht wurde. Das Heft wird mit einem Rückblick auf das Jahrestreffen in Rostock, in dem auch die DKG-Ehrenpreisträger vorgestellt werden, abgeschlossen.

Viel Spaß bei der Lektüre

Ihr

Wolfgang Klooß, emeritierter Anglist und Kanadist (Universität Trier), ist Redaktionsmitglied des DKG-Journals.

Hundeschlitten in den Northwest Territories

INDIGENE UNTERWEGS

VOM HUNDESCHLITTEN ZUM SKI-DOO

(wk) Auch wenn die verkehrstechnische Erschließung Kanadas erst in der Folge der Industrialisierung richtig Fahrt aufnahm, waren die indigenen Völker lange vor Ankunft der Europäer bereits großräumig unterwegs. Wie dann auch für die ersten Entdecker, Pelzhändler und frühen Siedler spielten dabei vor allem Kanadas weitläufige Wasserwege eine wesentliche Rolle.

Entsprechend zeigen denn auch zahlreiche bildliche Darstellungen Angehörige der First Nations in (wendigen) Kanus, die je nach Verfügbarkeit aus Zeder, Birke, Ulmenrinde oder den Wurzeln der Weißtanne gefertigt wurden. Die ackerbautreibenden westlichen

Birken-Kanu

Stämme der Algonquin-Sprachfamilie verwendeten hingegen ausgehöhlte Baumstämme für den Wassertransport. Mit dem wannenähnlichen, aus Weidengeflecht hergestellten und mit Tierhäuten überzogenen, eher behäbigen Bull Boat, auf das dann auch die amerikanische Lewis & Clark-Expedition (1804-1806) auf ihrem Weg zum Pazifik zurückgriff, überquerten die Natives der Prärieregion die größeren Flüsse.

Die für den Pelzhandel unverzichtbaren Voyageurs setzten hingegen bei ihrer beschwerlichen Arbeit neben Kanus auch York Boats ein, mit denen sie die Felle über die Wasserwege des riesigen Territoriums, das nach dem British North America Act (1867) zum Dominion of Canada wurde, zu den inländischen Handelsposten und nach Osten an die Atlantikküste beförderten (s. Beitrag „Kanus, York Boats, Coureurs de Bois und Voyageurs" ab S. 48).

Bei Passagen über Land spielte der Toboggan eine maßgebliche Rolle. Insbesondere die Cree bedienten sich des kufenlosen, von Hunden oder Menschen gezogenen Schlittens, den sie aus dünnen, mit Lederriemen zusammengehaltenen Birkenbrettern fertigten und auf der Oberseite häufig zusätzlich mit Leder überspannten. Heute ist der Toboggan in Kanada ein beliebtes Wintersportgerät. Bei den Natives der Great Plains war zudem der in Europa als Stangenschleife bekannte Travoi als Transport- und Reisemittel weit verbreitet. Mit Hilfe von zwei durch ein Querholz verbundenen Zeltstangen, die vorn auf den Schultern von Hunden und seit des im 16. Jahrhundert von den Spaniern in Nordamerika eingeführten Wildpferdes auch an den Schultern von Mustangs angebunden wurden, während die hinteren Enden über den Boden schleiften, konnten Menschen wie Lasten bewegt werden. Über diese Rahmenkonstruktion wurden Stoff oder Leder zur Beförderung kleinteiliger Gegenstände ausgebreitet.

Um im Winter bei der Jagd auf Hirsche, Elche oder Büffel, die sich durch das Einsinken in den Schnee an den Fesseln verletzten, nicht selbst im Schnee steckenzubleiben, bediente man sich des tennisschlägerähnlichen Schneeschuhs, der, unterschiedlich geformt, bei den Cree zum Beispiel bis zu zwei Meter lang sein konnte. Auch bei den Inuit im hohen Norden gehörte der schon aus der Antike bekannte Schneeschuh zur Standardausrüstung. Später griffen dann die Siedler ebenfalls auf diese Gehhilfe zurück.

Ein anderes, regionalspezifisches, den Métis von Manitoba zuzuschreibendes Fortbewegungsmittel war der Red River Cart. Als Produzenten des für die Pelztierjäger überlebensnotwendigen Pemmican (mit Fett angereichertes, zerbröseltes Dörrfleisch) entwickelten die Métis ein funktionsfähiges Vertriebssystem, das auf diesem für die Prärien typischen Transportfahrzeug beruhte. Sie bevorzugten den zweirädrigen, zumeist von Ochsen gezogenen Wagen, weil er – gänzlich aus Holz gebaut – nicht nur auf festem Untergrund eingesetzt werden konnte, sondern selbst für die Überbrückung von Flusspassagen – dann als schwimmender Karren – gut geeignet war. Aneinandergereiht und miteinander verbunden, entstanden ganze Wagenzüge, die den Gütertransport und Handel im kanadischen Westen vorantrieben, bevor der unge-

Red River Cart

ölte, schon von weitem hörbare Red River Cart in den 1870er Jahren von Dampfschiffen und schließlich der Eisenbahn abgelöst wurde.

In dem Maße, in dem die wachsende Prärieökonomie die Nachfrage nach Beförderungsmöglichkeiten über Land verstärkte, dehnten die Métis das Red River Cart-System aus und etablierten im Lauf der Jahre feste Verkehrswege. Die Hauptrouten verliefen zwischen Winnipeg, Pembina und St. Paul, Assiniboine und Portage la Prairie sowie zwischen Qu'Appelle, Cypress Hills, Batoche, Battleford, Fort Carlton und Edmonton. So trugen die Métis zur Entwicklung der Mobilität in den kanadischen Prärien bei. Die 26,7 Kilometer lange Route 42, besser bekannt als Pembina Highway, ist heute eine Hauptverkehrsader in Winnipeg. Sie verbindet die Vororte North Kildonan, East Kildonan, Fort Rouge, Fort Garry und St. Norbert mit dem Stadtzentrum. Im Norden wird die Route 42 von der Provincial Road 204 entlang des Red River, im Süden vom Provincial Trunk Highway 75, der bis über die Landesgrenze nach Pembina in North Dakota führt, fortgesetzt.

Von Huskies gezogener Hundeschlitten

Klimatisch bedingt sind die Besiedlung und die Verkehrswege im arktischen Norden Kanadas, wo Kälte und Permafrost dominieren, nicht annähernd so ausgeprägt wie in den südlicheren Regionen des Landes. Vor allem in den Heimatgebieten der Inuit kamen traditionell Schneeschuhe und von Huskies gezogene Hundeschlitten bei Überlandpassagen und bei der Jagd auf Karibus zum Einsatz. Beim Fischfang diente das Kajak, ein schneller, wendiger Bootstyp, dessen aus Holz oder Knochen gefertigter Rahmen mit Tierfellen bespannt wurde, als Gefährt. Regional unterschiedlich vermessen, konnte das geschlossene Jagdboot der Männer eher kurz und breit oder lang und schmal ausfallen. Hierzulande nutzen Wassersportler das Kajak, um u.a. – pejorativ formuliert – die „Eskimorolle", eine

Die Inuit setzten das Kajak beim Fischfang ein.

von den Inuit entwickelte Technik, zu praktizieren, mit Hilfe derer man sich beim Kentern schnell und ohne Aussteigen mit einem einzigen Paddelschlag wieder aufrichten kann.

Für die jahreszeitlich innerhalb zum Teil riesiger Gebiete nomadisierenden Inuit stellte der große, offene Umiak, der in der Regel von Frauen gerudert und von Männern gesteuert wurde, ein unverzichtbares Transportmittel dar. Mit ihm konnten ganze Familien nebst Hab und Gut zusammen mit Huskies, Schlitten, Zelten und Jagdgeräten breite Gewässer bewältigen. Abends wurde das Reiseboot als provisorische Schlafstätte genutzt, indem man es einfach umdrehte. Der Umiak war bis in die erste Hälfte des 20. Jahrhunderts noch in Gebrauch, wich dann allerdings zunehmend Kanus mit Außenbordmotoren.

Eine ähnliche, technisch bedingte Entwicklung lässt sich auch im Hinblick auf die Verwendung von Hundeschlitten konstatieren. Vielfach sind sie durch

Schneemobile ersetzt worden. Seit 1959 stellt Bombardier Ski-Doos her, ein Produkt, das sogar Platz 17 der größten kanadischen Erfindungen erreicht hat. Sollte den Fahrzeugen der Treibstoff ausgehen oder eine Fehlsteuerung die Elektronik lahmlegen, steht zumeist noch ein Hundeschlittengespann parat. Naturerprobte Huskies sind in der Kälte und im Eis des Nordens oft zuverlässiger als die Errungenschaften der Technik.

Als Fazit bleibt festzuhalten: Die Entwicklung des kanadischen Transportwesens und einer entsprechenden Infrastruktur war über Jahrhunderte von den natürlichen Ressourcen des Landes und an diese angepasste Bewegungs- sowie Reisemittel geprägt. Mit dem Einzug moderner Technologien sind die traditionellen ‚Fahrzeugtypen' zwar modifiziert, aber – wie das Beispiel des Hundeschlittens zeigt – noch nicht komplett verdrängt worden. Sie werden häufig noch auf Routen bewegt, die teilweise schon von der indigenen Bevölkerung genutzt wurden.

Das Ski-Doo wurde Ende der 1950er Jahre von Bombardier entwickelt.

Impressum

Das DKG-Journal ist die Mitgliederzeitschrift der Deutsch-Kanadischen Gesellschaft e.V. (Amtsgericht Köln 43 VR 9965). Geschäftsstelle: Innere Kanalstr. 15, 50823 Köln, Deutschland, Telefon: +49 221 2576 781, E-Mail: info@dkg-online.de, Internet: *www.dkg-online.de.*

Vorstand: Stefan Rizor, Köln; Martin Gutsch, Kaarst; Hannes Weiland, Starnberg; Dr. Ulrike Rausch, Düsseldorf; Sina Burghardt, Bonn; Christina Arend, Berlin; Robin Arens, Berlin; Hans Harald Grimm, Mühlheim an der Ruhr; Tamara Joyette, Düsseldorf

Redaktion: Dr. Georg Schmitz (gs), Kirchheim, Verantwortlicher Redakteur, V.i.S.d.P. § 55 Abs. 2 RStV, Prof. Dr. Wolfgang Klooß , Trier (wk), Ulrich Barths (ub), Frankfurt am Main

Bildnachweise: Archives de la Ville de Montréal, CC BY-NC-SA 2.0 S. 54; Ulrich Barths S. 64-66; BiblioArchives, CC BY 2.0 S. 45u, 46li, 48, 49, 52u; daveynin, CC BY 2.0 S. 53; Paul Dexxus, CC BY 2.0 S. 62o; Arthur Goss, CC BY 2.0 S. 63li; Hartmut Lutz S. 55-57; Nationalmuseet, CC BY-SA 2.0 S. 47o; Pixabay S. 45o, 46re, 47u, 60; Public Domain S. 43, 51, 59; qwesy qwesy, CC BY 3.0 S. 58; Toronto Public Library Special Collections, CC BY-SA 2.0 S. 62u, 63 re; Viticus, CC BY-SA 4.0 S. 52o

KANUS, YORK BOATS, COUREURS DE BOIS UND VOYAGEURS – ODER:

FLÜSSE, SEEN UND DIE IRONMEN DES KANADISCHEN PELZHANDELS

DKG Journal

Kanu

Den Umfang seines heutigen Staatsgebiets verdankt Kanada vor allem zwei mobilen Menschentypen, den Coureurs de bois und den Voyageurs. Wie Hugh MacLennan, der Grandseigneur der englisch-kanadischen Literatur Mitte des vergangenen Jahrhunderts, in *The Seven Rivers of Canada* (1961) resümierte, bildeten Kanadas Flusssysteme zusammen mit einer großen Anzahl an Seen ein einzigartiges Kommunikationsnetz, auf dem der riesige geografische Raum in über zweieinhalb Jahrhunderten seit der Gründung Neufrankreichs erschlossen wurde. Das wichtigste Transportmittel, das Kanu, über-

nommen von den First Nations und heute eines der nationalen Symbole Kanadas, wurde zum effektivsten Instrument der Durchdringung des „kanadischen" Territoriums.

Coureurs de bois und Voyageurs haben trotz ihrer Leistungen für die Nationenwerdung Kanadas nie den überragenden Status erhalten, den amerikanische Frontiersmen im nationalen Selbstverständnis Amerikas einnahmen. In Neufrankreich hatten Coureurs nicht selten einen zweifelhaften Ruf, seit der erste bekannte Waldläufer, Etienne Brulé, in der Kolonie verdächtigt wurde, als kultureller Überläufer der christlichen Zivilisation den Rücken gekehrt zu haben, weil er überwiegend bei First Nations lebte. Frankokanadischen Seigneurs und katholischer Kirche waren Coureurs oft nicht geheuer. Diese entzogen sich der landwirtschaftlichen Knochenarbeit in den Siedlungen, um der profitableren Pelzjagd und einem attraktiveren Leben außerhalb der Kontrolle der Kolonialbehörden frönen zu können. Zeitweise gab es so viele dieser Individualisten, dass die Behörden seit der zweiten Hälfte des 17. Jahrhunderts die Anzahl der Lizenzen (sog. Congés) reduzierten, um diesen der kolonialen Aufbauarbeit abträglichen Mobilitätsdrang zu unterbinden. Nicht nur hatten Waldläufer sich oft indigener Lebensart angepasst, sondern waren auch, wenn sie mit ihrer Pelzausbeute nach Montréal zurückkehrten, für ihr „wildes" Verhalten berüchtigt. Aber es waren gerade Coureurs, die mit ihren Kanus in Europäern bislang unbekannte Welten vorstießen. Zwei ihrer berühmtesten Vertreter, Médard Chouart des Groseilliers und Piere-Esprit Radisson, wurden für eine nicht genehmigte Tour in den Westen bis Lake Superior

vom Gouverneur derart hart bestraft, dass sie die Seiten wechselten und in London dabei behilflich waren, die Company of Adventurers of England Trading into Hudson Bay, später besser bekannt als Hudson's Bay Company (HBC), 1670 aus der Taufe zu heben.

Im Gegensatz zu französischen Pelzhändlern und Coureurs war die HBC vergleichsweise immobil, ließ sie sich doch vorerst von den Indigenen die Pelzausbeute in ihre Forts entlang der Hudson Bay bringen. Nach der englischen Eroberung Neufrankreichs fiel der französische Pelzhandel in die Hände der Sieger, die mit der Gründung der North West Company (NWC) 1784 ein mächtiges Konkurrenzunternehmen zur HBC mit Sitz in Montréal ins Leben riefen und ihren Aktionsradius mit der Anlage von Pelzhandelsposten bis weit in den Nordwesten und die Subarktis ausdehnten. Die Coureurs machten einem neuen Menschenschlag Platz, ohne dessen unglaubliche physische Mobilitätsleistungen die territoriale Erschließung Kanadas kaum möglich gewesen wäre: den Voyageurs.

Das York Boat, ein neuer Bootstyp, der durch die Hudson's Bay Company eingeführt wurde.

Anders als die Coureurs waren die Voyageurs Lohnarbeiter, gegen ein bescheidenes Salär als Kanuten für die Touren zu den Handelsposten in der Wildnis angeheuert. Reisende berichteten bewundernd von ihren Ruderleistungen. Die ca. 2000 Kilometer lange Tour über die Großen Seen von Lachine bei Montréal bis Fort William am Lake Superior legten sie in ihren sogenannten canots de maître in sieben bis acht Wochen zurück. Je neun bis zwölf Männer paddelten eines dieser zehn bis elf Meter langen Frachtkanus, die neben zwei bis drei Passagieren auch eine Last von drei bis vier Tonnen an europäischen Waren transportierten, die am Hauptumschlagplatz der NWC, Fort William, für den Weitertransport in die nördlichen Gefilde deponiert wurden. Dieser erfolgte in den kleineren canots du nord durch Voyageurs, die verächtlich auf die Montreal men als „verwöhnte" mangeurs du lard / pork eaters herabschauten und sich als eisenharte hommes du nord sahen, die in abgelegenen Posten weit im Norden überwinterten und nach der Eisschmelze im Frühjahr ihre Pelzausbeute nach Fort William brachten, wo diese in die Frachtkanus nach Montréal umgeladen wurde. Mit neuer Ware machten sich die hommes du nord auf den langen Rückweg zu den nördlichen Handelsposten: Von Fort William bis Fort Chipewyan (gegründet 1788) am Lake Athabasca waren ca. 2000 Kilometer zurückzupaddeln.

Die Voyageurs galten aufgrund ihrer ethnischen Herkunft (französisch bzw. Métis), Sprache (französisch und Michif), Religion (katholisch), exotischen Kleidung, distinktiven Lebensweise, besonderen Rituale und ihres ausgeprägten Gemeinschaftsgefühls als eine verschworene Bruderschaft. Meist Analphabeten, wurden sie und ihr Leben von Außenstehenden wie Pelzhändlern, Indianeragenten, Missionaren, Wissenschaftlern, Reisenden, Literaten und anderen oft sehr ambivalent charakterisiert: Einerseits seien sie half savage, half civilized, so ein weit verbreitetes Stereotyp, andererseits idealisierten Literaten die Voyageurs als romantische Helden, die mit einem Voyageur Song auf den Lippen gefährliche Stromschnellen hinabfuhren.

In Wirklichkeit war das Leben der Voyageurs wenig romantisch. Ein Rudertag von bis zu 18 Stunden war die Regel, von Zeit zu Zeit für ein Pfeifchen zu einer kurzen Rast unterbrochen. Ein großes Repertoire an französischsprachigen Liedern gab den Arbeitstakt zu 35 bis 40 Paddelschlägen pro Minute vor. Bei Anbruch der Dunkelheit und bei Sturm auch früher brachte man die Boote an Land, wickelte sich in eine Decke und schlief auf dem Boden unter den umgedrehten

Kanus. An vielen unpassierbaren Stellen (z.B. Stromschnellen und Wasserfällen) mussten die Kanus aus dem Wasser gezogen und auf einer so genannten Portage bis zur nächsten Einsatzstelle herumgetragen werden. Allein zwischen Lachine und Georgian Bay gab es 36 solcher Portages. Hier musste jeder Voyageur oft im Laufschritt je zwei 45 Kilogramm schwere Ballen (sog. pièces) an einem Tragriemen über der Stirn bis zur nächsten Einsatzstelle der Kanus tragen. Die längste Portage war mit 19 Kilometern die Methye Portage etwa 250 Kilometer südlich von Lake Athabasca, die Wasserscheide zwischen Hudson Bay und dem Mackenzie River-Becken.

Die Erfolge der Nor'Westers zwangen die HBC zu einem Mobilitätswettlauf. Nicht allein legte sie neue Forts direkt in der Nähe von NWC-Posten an, wobei es zu gewalttätigen Auseinandersetzungen wie dem sogenannten „pemmican war" (1812) kam. Sie reorganisierte auch Transportwege und -mittel, unter anderem durch die Einführung eines neuen Bootstyps, des York Boat, benannt nach York Factory an der Hudson Bay, von wo die Kanurouten zu den nördlichen Pelzpfründen um zwei Drittel kürzer waren. Den Rindenkanus der NWC waren die York Boats mehrfach überlegen. In rauen Gewässern waren sie, da aus Holz gebaut, stabiler, konnten Segel setzen (ein großer Vorteil auf Seen) und mit etwa 14 Metern Länge bei einer Besatzung von sechs bis acht Voyageurs sogar bis zu sechs Tonnen Fracht laden. Die NWC konnte wegen ihrer kostspieligeren Logistik den Kampf um die Dominanz im Pelzgeschäft nicht gewinnen und wurde 1821 von der HBC geschluckt, die wiederum ihre territoriale Vorherrschaft 1869 an das Dominion of Canada per britischem Gesetzesakt übertragen musste. Kanada verdankt den größten Teil seiner heutigen Staatsgrenzen dem Pelzhandel und hier insbesondere jenen Ironmen, die als Voyageurs größtenteils namenlos geblieben sind.

 **Konrad Groß** Professor i.R. für Nordamerikastudien (Universität Kiel), ist Gründungsmitglied der GKS, deren Präsident er von 1984 bis 1987 war. Er gehört zu den international renommiertesten kanadistischen Literaturwissenschaftlern und ist für seine Forschungen mehrfach ausgezeichnet worden, so auch mit dem Northern Telecom Award.

Der Rocky Mountaineer

„A MARI USQUE AD MARE"

DAMPFRÖSSER, KULIS, SCHIENEN VOM ATLANTIK ZUM PAZIFIK

(wk) Bekanntlich fungiert der dem 72. Psalm der Bibel entnommene Leitspruch „a mari usque ad mari" seit den Tagen des ersten Premierministers John A. Macdonald, der sein Amt von 1867-1873 und dann noch einmal von 1878 bis zu seinem Tod (1891) innehatte, als Nationalmotto Kanadas. Mit der Fertigstellung der transkontinentalen Eisenbahn im Jahr 1885 war die Vision Macdonalds von einer Landverbindung zwischen Atlantik und Pazifik Wirklichkeit geworden. Die Canadian Pacific Railway (CPR) ermöglichte vielen Einwanderern eine schnelle Reise in den kanadischen Westen, wo diese in den Prärieprovinzen Manitoba, Saskatchewan und Alberta in der Landwirtschaft eine neue (berufliche) Heimat fanden. Wie u.a. der Bühnenautor Michael Cook in seinem Theaterstück *The Great Harvest Excursion* (1985) dramatisch belegt, ermöglichte die Eisenbahn während der Getreideernte zudem den Einsatz billiger Arbeitskräfte aus den armen maritimen Provinzen.

Die CPR sorgte auch für den zügigen Truppentransport aus dem kanadischen Osten in die Prärien, um den Widerstand der Métis und kleinerer indigener Gruppen gegen Ottawas verschärfte Siedlungspolitik in der Red River Resistance (Manitoba 1869/70) und der Northwest Resistance (1885) militärisch zu brechen, die Landnahme weiter zu forcieren und die Transformation der Prärien in eine Agrarregion zu beschleunigen. In diesem Zusammenhang spielte die Vernichtung der riesigen Büffelherden, die den nomadisierenden Natives der Great Plains als Lebensgrundlage gedient hatten, eine wesentliche Rolle. Am Anfang des 19. Jahrhunderts soll es laut Schätzungen bis zu 30 Millionen Tiere gegeben haben, die kaum 100 Jahre später nahezu vollständig ausgerottet waren. Moderne Gewehre und die nordamerikanischen Eisenbahnen hatten dazu eingeladen, vom fahrenden Zug aus auf die vorbeiziehenden Herden zu schießen. William Frederick Cody, alias Buffalo Bill, ist unter anderem auf diese Weise in den USA zur Legende geworden.

Als die CPR 1882 „Pile of Bones", das in „Cree oskana kâ-asastêki" geheißen und auf die zahlreichen lokalen Büffelvorkommen verwiesen hatte, erreichte, wurde die künftige Hauptstadt Saskatchewans zu Ehren von Queen Victoria in Regina umbenannt. Auch von hier aus wurden Fleisch und Felle mit dem Güterzug zur Weiterverarbeitung an die Ostküste gebracht.

Nach der Überquerung der Rocky Mountains, die den Eisenbahnarbeitern gewaltige Anstrengungen abverlangt hatte, erreichten die Schienenleger am 7. November 1885 um 9:22 Uhr Craigellachie in British Columbia. Mit dem Abschluss der Arbeiten an den Spiral Tunnels im Jahr 1909, einer technischen Meisterleistung, stellte der Streckenabschnitt über die anspruchsvolle Bergpassage mit dem Kicking Horse Pass dann keine Herausforderung mehr dar.

Das monumentale, für die besiedlungsgeschichtliche, infrastrukturelle und wirtschaftliche Entfaltung des Landes so bedeutsame Unterfangen, das auch die Entwicklung Kanadas auf dem Weg zur Konföderation beschleunigte, hatte nur mit Hilfe eines immensen Reservoirs an chinesischen Arbeitskräften (Kulis) vollendet werden können, die per Schiff von Kalifornien oder direkt von China aus nach British Columbia gebracht worden waren. Von den insgesamt 9000 Eisenbahnarbeitern waren 6500 chinesischer Herkunft. Während die europäischen Kräfte – vornehmlich Iren und Schotten – die Schienen von Osten nach Westen verlegten, trieben die Kulis den Trassenbau in umgekehrter Richtung voran, wobei sie vor allem das schwierige Terrain in British Columbia mit seinen felsigen Abschnitten, allen voran die Überquerung von Big Hill, zu meistern hatten. Sie wurden mit einem Tageslohn von einem Dollar vergütet und mussten für ihren Unterhalt selbst aufkommen. Viele starben bei Arbeitsunfällen, litten an Unterernährung und Unterkühlung. Die weißen Schienenleger erhielten zwischen 1,50 und 2,50 Dollar zuzüglich Kostgeld und Unterkunft.

Auf einer ikonischen Fotografie, die den CPR-Direktor Donald Alexander Smith zeigt, wie er anlässlich der Zusammenführung der von Osten und Westen angenäherten Schienenstränge den berühmten „last spike" in Craigellachie in den Boden treibt, ist kein Kuli zu sehen. Die chinesischen Arbeiter wurden aus dem Blickfeld genommen und dem Betrachter bewusst vorenthalten. Kanadas heroisches „a mari usque ad mare" birgt somit auch die Geschichte eines diskriminierenden Umgangs mit ethnischer Differenz. Viele der Kulis

Donald Alexander Smith treibt den „last spike" in den Boden.

DFG Journal

fanden anschließend im Bergbau, der Fischerei, Gastronomie sowie anderen Dienstleistungssektoren neue Arbeit. Vancouver hat nach New York und Toronto nicht von ungefähr die drittgrößte Chinatown Nordamerikas.

Der Lyriker E.J. Pratt hat in seinem erzählenden Langgedicht *Towards the Last Spike* (1952) der Ingenieurskunst, den Eisenbahnpionieren und Entrepreneurs um den amerikanischen Zuwanderer William Cornelius Van Horne, dem in Banff auf dem Rondel vor dem ehemaligen CPR-Hotel eine imposante Statue gewidmet ist, aber auch den namenlosen Kulis ein beeindruckendes literarisches Denkmal gesetzt. Später zeichnete Pierre Berton die Baugeschichte der CPR und die nationale Bedeutung der Eisenbahn anschaulich für ein breites Lesepublikum nach. In seiner populärwissenschaftlichen Studie *The Last Spike: The Great Railway, 1881-1885* (1971) stellt er den nicht zuletzt abenteuerlichen Charakter des gewaltigen Unterfangens heraus, das in nur der Hälfte der ursprünglich veranschlagten Zeit vollendet wurde.

Wer heute etwa durch Saskatchewan reist, wird nicht nur eine vergleichsweise flache Topografie vorfinden, sondern entlang der sich ins Unendliche zu erstrecken scheinenden Schienenstränge auch unzählige Getreidesilos und Leitungsmasten bemerken, die auf die Verbindung von Agrarwirtschaft, Transportwesen, Elektrifizierung und Telegrafie hindeuten. Der Literaturwissenschaftler Laurie Ricou hat deshalb eine seiner Studien *Vertical Man, Horizontal World* (1973) betitelt und damit auf die Verbindung von Mensch, Landschaft und Wirtschaft in Kanadas Prärieprovinzen verwiesen.

Nachdem die Canadian National Railway Co. (CN) 2018 als Reaktion auf das gesteigerte Frachtaufkommen den Kauf von 1000 Getreidewaggons mit einer Ladekapazität von jeweils 153,8 m³ angekündigt hatte, verbuchte die Gesellschaft bereits zwei Jahre später für das dritte Quartal einen Rekord-Getreidetransport von 7,76 Millionen Tonnen. Nutznießer dieser Entwicklung im Zuge einer allgemeinen wirtschaftlichen Erholung waren und sind die Landwirte in den westlichen Provinzen. Die neuen Wagen können übrigens 10% mehr Getreide laden und sind kürzer als ältere Modelle, sodass die Zuglänge häufig 200 Wagen übersteigt.

So pankanadisch-visionär die Trassenlegung der CPR im ausgehenden 19. Jahrhundert motiviert und so aufopferungsvoll die Bemühungen um ihre Vollendung

Die imposante Statue von William Cornelius Van Horne in Banff

auch waren, so gering ist mittlerweile die Rolle, die die transkontinentale Eisenbahn im heutigen Personenverkehr Kanadas spielt. Regelmäßige Langstreckenreisen im Eisenbahncoupé gehören längst der Vergangenheit an. Seit der Fertigstellung des Trans-Canada Highway (TCH) im Jahr 1962, der mit 8030 Kilometern Länge von St. John's in Newfoundland inklusive zweier Fährverbindungen bis nach Victoria auf Vancouver Island führt und für den die Trassen der CPR Vorbild waren, rollen der private und auch ein erheblicher Teil des kommerziellen Überlandverkehrs zwischen Atlantik und Pazifik auf der Straße. 2014 zum nationalen historischen Ereignis deklariert, hat die Regierung die wirtschaftliche Relevanz und die Bedeutung des TCH für die gesellschaftliche Mobilität Kanadas hervorgehoben.

Gleichwohl kommt der Eisenbahn nach wie vor große Bedeutung für den Gütertransport zu. Bei einer Gesamtlänge aller Trassen von etwa 78.000 Kilometern entfallen vom jährlichen Gesamtumsatz des

Schienenverkehrs etwa 97% auf den Frachtbetrieb. Im kanadischen Transportgesetz sind sechs größere Eisenbahnverkehrsgesellschaften benannt – an erster Stelle die CN und daneben die Canadian Pacific Railway, BNSF Railway Company, CSX Transportation, Inc., Union Pacific Railroad Company sowie die Norfolk Southern Railway Company. Die CN verfügt über ein Streckennetz von ca. 32.180 Kilometern und operiert von Nova Scotia bis British Columbia.

Anders als die frachtorientierten Gesellschaften ist die in Montréal ansässige staatliche VIA Rail Canada (VIA Rail) für den Personenverkehr zuständig. Bis auf Newfoundland, Labrador und Prince Edward Island unterhält sie Zugverbindungen in allen anderen Provinzen. Wöchentlich verkehren bis zu 500 Züge auf einem 12.000 Kilometer langen Netz, das zu 98% den Güterbahnen gehört, wobei 96% des Passagieraufkommens auf tägliche Städteverbindungen im Québec-Windsor-Korridor mit Übergängen in die USA entfallen. Zudem bietet VIA Rail Regionalverbindungen in Gegenden an, die vor allem im Winter mit einem Straßenfahrzeug kaum erreichbar sind. 1977 gegründet, operiert das Eisenbahnunternehmen noch immer nicht rentabel und ist auf staatliche Subventionen angewiesen.

Auch wenn eine Überlandreise im Eisenbahncoupé eigentlich der Vergangenheit angehört, werden dem Kanadabesucher auch heute noch einige touristische Angebote gemacht: Während man mit dem „Rocky Mountaineer", einem Panoramazug, durch spektakuläre Landschaften tagsüber von Vancouver aus an verschiedene Zielorte in den Rocky Mountains reisen kann, führt die knapp 1700 Kilometer lange Streckenführung des „Hudson Bay Express" von Winnipeg bis in die ‚Eisbärenstadt' Churchill an der Südwestküste der Hudson Bay (s. Beitrag „Mit dem Hudson Bay Express von Winnipeg zu den Eisbären von Churchill", ab S. 55). Den absoluten Höhepunkt stellt allerdings die Durchquerung des Kontinents von Toronto nach Vancouver im legendären „Canadian" dar. In vier Tagen und drei Nächten lässt sich die hochpreisige Luxusreise über 4500 Kilometer in Abteilen mit Panoramafenstern und in Speisewagen mit auserlesener Cuisine beschwingt bewältigen. Allerdings muss der ‚kanadische Orientexpress' immer dann seine Fahrt unterbrechen und den oft kilometerlangen Frachtzügen weichen, wenn die Schienenführung eingleisig wird. Aber dann kann sich die (internationale) Reisegesellschaft im Diner bei feinen Cocktails über das Erlebte austauschen. Vor allem aber darf sie den Blick auf die grandiosen Landschaften Kanadas genießen.

Streckenabschnitt zwischen Hamilton und den Niagarafällen im Jahr 1913

MIT DEM HUDSON BAY EXPRESS VON WINNIPEG ZU DEN EISBÄREN VON CHURCHILL

Wer in Kanada die Eisenbahn VIA RAIL für längere Reisen benutzen möchte, muss sich vom vertrauten Ablauf „Ticket kaufen – Bahnsteig finden – einsteigen" verabschieden. In Kanada werden Reisende Stunden vor Abfahrt ihres Zuges erwartet. Das größere Gepäck wird eingecheckt. Die Fahrgäste sitzen dann auf Sesseln in der Lounge, bis man sie zum Zug geleitet und ihnen ihre reservierten Schlafkojen oder Kabinen anweist. Meine Frau Ruth und ich warteten am 10. Mai 2011 in Winnipeg mit Spannung darauf, ob unser Zug nach Churchill überhaupt abfahren würde, denn tags zuvor hatte Manitoba den Aus-

nahmezustand für die gesamte Provinz erklärt und Evakuierungen jener Gebiete angeordnet, die in der größten Flutkatastrophe Manitobas seit 100 Jahren von den Wassern des Assiniboine und des Red River, die bei Winnipeg zusammenfließen, überschwemmt worden waren.

Glücklicherweise ging es tatsächlich am Mittag los, aber den Wasserständen entsprechend ähnelten die ersten Stunden einer Schiffsreise. Im Schritttempo schob sich der Zug von Telegrafenmast zu Telegrafenmast durch eine riesige Wasserfläche, aus der bisweilen Häuser, Bäume und Getreidesilos ragten. Schon vor Portage la Prairie hatten wir aber wieder festen Grund unter den Schienen, die nun gen Nordwest durch die Parklands und dann den borealen Nadelwald führten. Nach kurzem Halt in Dauphin machten wir einen großen Bogen durchs östliche Saskatchewan, erreichten im Dunkeln noch vor The Pas wieder Manitoba und fuhren nun nordöstlich weiter. Tags darauf wurde in Thompson, wo die asphaltierte Straße endet und die Taiga des hohen Nordens beginnt, eine mehrstündige Pause eingelegt.

Ausgerechnet hier erwarben wir frische Orangen direkt von der Heckklappe eines Lasters aus Kalifornien, dessen findige Fahrer mit ihrer Fracht nonstop bis hierher gefahren waren in der geschäftstüchtigen Annahme, ihre Früchte fänden in Thompson reißende Abnahme. Und so war es auch.

In mondheller Nacht ging es durch endlose Wälder, deren Koniferen immer kleiner und schütterer wurden, bis nur noch ab und zu ein krüppliges Bäumchen aus dem Schnee ragte. Nach Sonnenaufgang, noch etwa 100 Kilometer vor der Mündung des Nelson River in die Hudson Bay, kreuzte unser Zug den Fluss und fuhr dann geradewegs nordwärts die letzten 250 Kilometer durch die Tundra nach Churchill. Die

Stadt lag tief im Schnee, der auch den zugefrorenen gleichnamigen Fluss bedeckte, auf dem sich Schollen und Schneewehen zu bizarren Gebilden erhoben, an denen Eiszapfen in der Wintersonne glitzerten. Auch östlich der Stadt, zur Hudson Bay hin, lag der Schnee dicht gepackt zwischen nackten grauen Felsen. Dort warnten Schilder, man möge wegen der Eisbären nicht weitergehen.

Aber wir waren zur „falschen" Jahreszeit gekommen, denn die Eisbären verlassen das Packeis erst Mitte Juli und suchen dann im urbanen Raum nach Nahrung. Hier fängt man sie ein und sperrt sie ohne Sichtkontakt zu Menschen ins „Eisbärengefängnis", bis sie im Spätherbst per Helikopter wieder aufs Packeis geflogen werden, wo sie fernab der Stadt wieder Robben jagen können. Auch die weißen Belugas blieben uns verborgen, da der Fluss noch zugefroren war. „Off season" war außer uns nur noch ein einziger amerikanischer Tourist die ganze Strecke gefahren, und wir hatten die fast ungeteilte Aufmerksamkeit der Zugbegleiterin genossen. Sie bat uns zu den Mahlzeiten in den benachbarten Speisewagen, wo der Koch eigens für uns Speisen bereitete und dabei auch sorgfältig auf Nahrungsintoleranzen meiner Frau einging. Und sie machte morgens unsere Betten und rückte die bequemen Sessel ans Panoramafenster unserer Kabine, wo wir die grandiose Weite der Subarktis an uns vorbeigleiten sahen. Immer schien Zeit für freundliche Schwätzchen, und wir erfuhren beispielsweise, warum der Zug alle 100 Kilometer anhielt, der Zugführer ausstieg, die Achstemperaturen maß und mit einem langstieligen Hammer gegen die Räder schlug, um „Überraschungen" zu vermeiden. Wir fuhren über Permafrost, dessen moorige Oberfläche saisonal oberflächig antaut, und je weiter wir gen Norden gelangten, desto mehr pendelte der Zug sanft seitwärts hin und her. Hölzerne Telefonmasten in unterschiedlichen Stadien von Verfall und Erneuerung begleiteten uns die gesamte Strecke, auf der wir wiederholt zum Greifen nah an Biberburgen vorbeiglitten, immer wieder Raben begegneten und vereinzelt auch Schneehühner und Eiderenten sichteten. Zweimal wurde über die Sprechanlage sogar ein Elch angekündigt: „There's a moose on the left!"

Wir hatten nur einen einzigen Tag in Churchill, den wir für Rundgänge nutzten. Wir passierten das „Eisbärengefängnis" nahe der Bay und besuchten den Friedhof, wo wir im Schnee auch das Monument fanden, das an das Massensterben der Sayisi Dene erinnerte, einer indigenen Rentierjäger-Nation, die in den 1950er

Haltepunkte, davon 46 „Stops on request," aber nur sehr selten stand ein Fahrgast wartend im weiten Nirgendwo. Nur selten hielt der Zug an, um einen Gast in die Einsamkeit zu entlassen. Anders war es an kleineren Ortschaften mit Güterabfertigung. Wenn der Zug einrollte, strömten First Nations, Métis und non-Natives zu Fuß oder auf Quads und später auch Ski-Doos herbei, Hunde bellten, Scherze flogen hin und her, Leute fielen sich in die Arme, Frachtgut wurde ab- und eingeladen, Freunde verabschiedet. Auf unserer Rückfahrt von Churchill nach Winnipeg, die von Donnerstagabend bis Samstagnachmittag dauerte, fuhren mehrfach auch Fahrgäste im „Nahverkehr" nur wenige Stationen mit und feierten (feucht-)fröhlich, aber nicht laut im Speisewagen das Wochenende. Pünktlich um 16:45 Uhr trafen wir am Samstag, den 14. Mai 2011, wieder in Winnipeg ein. Nach der wunderbar geruhsamen Reise durch das fast menschenleere Nordland bot das urbane Gewusel der vielen Autos und Menschen einen heftigen Kulturschock. Nach Churchill mit der Bahn? Würden wir immer wieder machen.

Jahren zwangsweise aus der Tundra nach Churchill umgesiedelt worden war. Hier vegetierten sie ohne Jagdmöglichkeiten zehn Jahre lang im sogenannten „Camp 10" und gingen zahlreich an Alkohol und interner Gewalt zugrunde. Auch als die Regierung sie sieben Kilometer weiter südlich in ein billig errichtetes Hüttendorf umsiedelte – wir hatten die Betonfundamente auf der Hinfahrt frühmorgens passiert – setzte sich das Sterben fort, bis die Überlebenden 1973 zurück in die Tundra zum Tadoule Lake umziehen konnten. Leider kein Einzelfall von genozidaler Politik in der Geschichte Kanadas. Im „Eskimo Museum" (heute: Itsanitaq Museum) informierten wir uns über lokale Inuitkulturen und waren hocherfreut, dort auch seltene Publikationen über und von Inuit erwerben zu können. Ein Spaziergang durchs Einkaufszentrum mit Lunch in „Gypsy's Cafe" führte uns zurück zur Bahnlinie und hinüber auf die „wrong side of the railroad tracks", wo moderate Häuser und Schuppen, Skelette von Tipis und angeleinte Huskies der indigenen Bewohner Churchills das Ufer des unter Eis und Schnee begrabenen Churchill River erahnen ließen. Weil sich unter der Schneedecke oft tückische Eisspalten verbergen, gingen wir nicht zu weit hinaus auf die im orangenen Abendlicht gleißende Schneewüste. Vorbei am im Winterschlaf liegenden Getreideverladungshafen stapften wir nur zögerlich zum Bahnhof zurück, um die unvermeidliche Rückreise anzutreten.

Die gesamte Fahrt bot eine wunderbar erholsame Entschleunigung vom urbanen Alltag. Unsere Durchschnittsgeschwindigkeit, Halte eingerechnet, lag unter 40 km/h. Auf den 1700 Kilometern gibt es 66

Hartmut Lutz, emeritierter Nordamerikanist (Universität Greifswald), ist für seine umfangreichen Forschungen zur Kanadistik wiederholt ausgezeichnet worden. Von 2009 bis 2011 war er Präsident der Gesellschaft für Kanada-Studien. Er ist Mitglied der Royal Society of Canada.

„JUWEL IM EIMER" – MIT DEM AUTO VON TORONTO NACH VANCOUVER

LAUTER ETAPPENSIEGE

Vancouver im Jahr 1980

Von Toronto nach Vancouver im Auto, ein Juwel in meinem Eimer. Klingt komisch? Ja, aber nicht auf englisch. Eine Bucket List beschreibt die Erlebnisse, die man sich vornimmt im Leben, von denen man träumt und von denen bei den meisten Menschen ganz viele davon leider Träume bleiben. Weil man nicht mutig genug ist, nicht genug Zeit oder Mittel hat, sie rechtzeitig zu erfüllen. Ich hatte früh das Glück, einen meiner Top-Wünsche, nämlich Kanada mit dem Auto auf dem Highway zu durchqueren, abhaken zu dürfen und in den Bucket/Eimer zu tun – im Sommer 1980.

Unsere Reise begann in Toronto und führte durch Ontario über Sudbury und am Lake Superior vorbei durch Manitoba, Saskatchewan und Alberta nach Vancouver in British Columbia.

Die Morrices öffneten die Tür nach Westen. Wie vieles bei unseren ehemaligen Nachbarn und Eltern meines Freundes Ed in Toronto, bei denen ich sehr viel Zeit verbrachte bis zu unserer Rückkehr nach Deutschland 1972 und danach bei Besuchen in den Sommerferien,

fing es leise, höflich, zurückhaltend an. Kay: „Sandy arbeitet ja längst nicht mehr. Und nun wollen wir uns einen Traum erfüllen. Wir ziehen nach Victoria um und wollen unser Auto mitnehmen. Fahren können wir aber nicht allein. Hättest Du vielleicht Lust, uns nach Vancouver zu chauffieren?" Ja, hatte ich! Zurück nach Toronto dürfte ich auf ihre Kosten fliegen, auch das war toll.

Mit an Bord war Ruff, ein grau-melierter älterer Herr, blind, sehr charmant und anhänglich. Ein Pfeffer-und-Salz-Zwergschnauzer, dessen Pinkel-Pausen-Bedarf sich außerdem bestens mit meinem deckte.

Rund 4400 Kilometer beträgt die Strecke laut Tabelle. Wir hatten am Ende sicher mehr auf der Uhr. Das Auto zur Uhr, ein deutsches Fabrikat, war ein Traum. Es fuhr sich mit Automatik und Tempomat kinderleicht, der Innenraum mit großen Sesseln vorn war luxuriös (mit Klimaanlage!). Dieses Gefährt hätte ich auch nicht in Toronto zurückgelassen. Nur die Farbe, ein kräftiges braun, ließ etwas zu wünschen übrig.

Die Straßen unterwegs waren ebenfalls ein Traum. Damals fiel mir das gar nicht weiter auf. Das hatte ich ja so erwartet. Doch schon damals rollten unzählige Autos, Pick-ups und Trucks über den Asphalt, Temperatur- und Wetterextreme mit heißen Sommern und eisigen Wintern mussten den Straßen zusetzen. Doch man merkte nichts davon. Der Verkehr floss, Baustellen gab es meiner Erinnerung nach überhaupt nicht (!) und die Fahrbahnen beeindruckten mit einwandfreiem Zustand.

Abgefahren sind wir stets vor dem Frühstück, um Meilen zu machen. Für Langschläfer gewöhnungsbedürftig, aber das kanadische Frühstück hat, wenn es denn „erfahren" war, umso besser geschmeckt.

In den Rockies wurde auch mal angehalten, um das Eiswasser aus einem der vielen Wasserfälle zu probieren. Sandy machte mir Angst. „Du weißt, da oben kann ein Bär ins Wasser gepisst haben. Das macht sehr, sehr krank!" Ich nahm das „Risiko" auf mich, Sandy und Kay hatten ihren Spaß. Das Eiswasser war so ungefähr das Köstlichste, was ich bisher erlebt hatte. Frei Haus, vom Berg in den Mund.

Die Statue von Dr. Ed Hudson in Hamiota.

Auch der Halt in Hamiota nordwestlich von Brandon in Manitoba bleibt in besonderer Erinnerung. Hier wuchs Kay auf, zusammen mit ihrem Bruder John, der ein bedeutender Arzt in Manitoba war, dabei seinem Hamiota stets treu geblieben ist. Heute wird er mit einem Denkmal im Ort geehrt. Wir blieben zwei Nächte. Bei Ankunft in dem kleinen Prärie-Örtchen: „Oh je, das wird lang." Zur Abfahrt: „Traurig, dass es weiter geht."

Für viele war Vancouver, schon damals ein Sehnsuchtsort, das Beste, was Kanada zu bieten hatte, spannend, multi-kulturell, bildschön, mit Wasser- und Wintersport gleichermaßen im Nu erreichbar. Wale vor der Haustür, die Rockies sozusagen im Rücken. Vancouver war damals etwas weniger chic als heute, dafür umso hipper. Counter Culture satt. Vom kanadischen San Francisco war nicht umsonst die Rede. Um all das gebührend einzusaugen, war mein Aufenthalt etwas zu kurz. Victoria bekam ich gar nicht zu sehen. Schade, aber damals kein Unglück.

Denn ich hatte ja die unzähligen, unvergesslichen Eindrücke der scheinbar gewöhnlicheren, weniger glamourösen Landstriche, durch die wir auf dem Weg ans Ziel gereist sind, bereits im „Eimer." Der „Weg war das Ziel." Weil er so wunderschön war. Weil ich so viel entdeckte. Der spektakuläre Norden Ontarios, das nüchterne Sudbury, dessen Wohnviertel überraschenderweise unseren in Toronto verblüffend ähnlich waren, der Charme von Manitobas ländlichen Gemeinden, die Fahrt auf schnurgerader Straße durch die Prärielandschaft, mit endlosen Getreidefeldern und ihren Silos. Und Tausenden von Telefonmasten. „Open Skies" – hier passt der Ausdruck. Magisch. Auch Alberta überraschte vom Auto aus gesehen. Die Rockies kamen spät ins Spiel, davor auch in Alberta viel zur Kontemplation anregende Strecke, eine weite Gegend, ehrliche Natur und Farmland. Und im Auto brachten mir meine beiden Reiseführer, Kay und Sandy, in aller Ruhe über die vielen Stunden hinweg ganz viel von ihrem Kanada nahe.

Diese Reise brachte so viele laut nachhallende Glücksmomente, allein von einem Happy End kann ich nur bedingt sprechen. Denn nicht mal ein Jahr später bekam ich die Nachricht, dass Kay in Victoria ganz unerwartet im Schlaf gestorben war. Umso mehr bedeutete die gemeinsame Tour ein Geschenk fürs Leben. Ein Juwel in der Bucket List.

Ulrich Barths hat viele Jahre in Toronto gelebt und an der Western University in London, Ontario, studiert. Er hat mehr als 35 Jahre lang für den hr, den Deutschlandfunk und die Deutsche Welle gearbeitet. Ulrich Barths gehört der Redaktion des DKG Journals an.

Single Otter, Vancouver

MIT DER TWIN OTTER VOM „FLYING BEAVER" IN DIE COAST MOUNTAINS VON BRITISH COLUMBIA

Vor dem Rückflug nach Europa steht wie jedes Mal, wenn es von Vancouvers International Airport auf Sea Island zurück in die „Alte Welt" geht, ein Besuch im nahegelegenen „Flying Beaver" von Richmond, direkt am Mittelarm des Fraser River an. Hier machen ein üppiger Cheeseburger mit French Fries und eine Pint „Rickards Red" – „a full-flavoured, medium-bodied red ale which features a slight hoppy bitterness balanced with candy-like caramel malt sweetness" – den Abschied etwas erträglicher. Vor allem aber kann der Gast beim Genuss der „edlen Speisen" vom Holzdeck des Grill-Restaurants aus seinen Blick immer wieder auf den Fraser River schweifen lassen und die in kurzen Intervallen ein- und ausfliegenden Wasserflugzeuge bewundern: Der „Flying Beaver" ist nicht nur Gaststätte, sondern auch Terminal der

Harbour Air Seaplanes. Das freundliche Schalterpersonal verkauft Tickets für Flüge nach Nanaimo und Victoria auf Vancouver Island, nach Salt Spring Island, Sechelt und auch nach Whistler in den Coast Mountains von British Columbia. An der Bar, mit den angedockten Maschinen im Visier, lässt sich die Zeit vor dem Abflug spürbar verkürzen.

Harbour Air Seaplanes verfügt über einen Flugzeugpark des bekannten kanadischen Herstellers de Havilland (inzwischen Viking Air), bestehend aus den Havilland Beavers sowie den robusten Single und Twin Otters. Mit Schwimmern ausgestattet sind die Wasserflugzeuge nicht nur für Passagen zu nahegelegenen Destinationen, sondern auch zu abgelegenen Gebieten geeignet. Single und Twin Otters erfreuen sich aufgrund ihrer flugplatzunabhängigen, flexiblen Einsatzmöglichkeiten gerade auch bei Buschpiloten, die im kanadischen Norden unterwegs sind, oftmals auch zu in Reservaten lebenden indigenen Kommunen, großer Beliebtheit.

Den Besucher des „Flying Beaver" fasziniert die Agilität der kleinen Mehrzweckflugzeuge, die auf kürzestem Weg starten und landen können. Wer die gekräuselten Wellen auf dem Fraser River im Auge hat, weiß, ob die Maschinen aus nordwestlicher oder südöstlicher Richtung ein- bzw. ausfliegen. Gegen den Wind startend, heben sich die gischtversprühenden Schwimmer unter lautem Brummen der beiden Turboprop-Triebwerke schon nach kurzem Laufweg aus dem Wasser. Wenig später sind die Maschinen nach Westen in Richtung Victoria und Nanaimo oder nach Norden auf dem Weg nach Whistler am Horizont entschwunden.

Geräuschpegel und gelegentliche Turbulenzen lassen diese Luftreisen zu einem viel unmittelbareren Erlebnis werden, als dies das sanfte Dahingleiten in einer Höhe von 35.000 Fuß in einem Riesenjet ermöglicht.

Mit Panoramablick auf die imposante Lions Gate Bridge, weiter über Coal Harbour zur Strait of Georgia in der Salish Sea werden die Passagiere auf dem Flug entlang der Küste mit spektakulären Aussichten auf die Hügelketten und das Meer verwöhnt, bevor sich die Twin Otter der beeindruckenden Bergwelt von Whistler und Blackcomb nähert, auf dem gletschergespeisten Green Lake aufsetzt und im dortigen Waterdrome festmacht. Nach ca. 45-minütiger Flugzeit ist die Landung gegen die Wellen zwar etwas holprig gewesen, kann aber das unvergleichliche Erlebnis nicht schmälern, zumal es dieses Mal ganz ohne Turbulenzen durch die Luft ging.

Petra Burmeister ist Professorin für Sprachdidaktik des Englischen an der Pädagogischen Hochschule Weingarten. Beruflich wie privat hat sie Kanada wiederholt besucht und ist einmal auch mit einer Twin Otter von Richmond nach Whistler geflogen.

EINE KATHEDRALE IN DER NEUEN WELT?

DAS BLOOR STREET VIADUCT IN TORONTO

In Kanada gibt es keine historischen Monumente, auf die sich eine eigene Version der Geschichte der Neuen Welt gründen lasse. So schreibt es Robert Kroetsch in seinem Gedicht The Seed Catalogue (1977) und er spricht hier vor allem über den Westen des Landes. Sicher nicht ohne ironischen Unterton und im Bewusstsein der durchaus beeindruckenden und im nordamerikanischen Kontext mindestens ebenso wichtigen kulturellen Leistungen der kanadischen Ureinwohner, rezitiert Kroetsch einen Negativ-Katalog von kulturellen Monumenten, die in der Neuen Welt nur als „Leerstellen" aufgelistet werden können, zum Beispiel „the absence of the Cathédrale de Chartres". Während Kroetsch als Reaktion darauf eine eigene kanadische Tradition im Samenkatalog begründet sieht, den die Prärie-Farmer zur Auswahl ihres Saatguts nutzen, findet der im großstädtischen Toronto im Osten Kanadas wohnende Dichter und Romancier Michael Ondaatje in seinem Roman *In the Skin of a Lion* (1987, deutsch: In der Haut eines Löwen) seine historischen Bezugspunkte zwar in der Architektur der Metropole, allerdings weniger in Kathedralen als in eher utilitaristischen Bauwerken, die das Panorama der Stadt dominieren.

Dazu gehört als vielleicht wichtigstes Baudenkmal, das 1918 unter Mithilfe von Ondaatjes Roman-Hauptfigur, Nicholas Temelcoff, vollendete Bloor Street Viaduct. Die imposante doppelstöckige Bogenbrücke überquert das tief eingeschnittene Tal des Don River und verbindet damit in der Ost-West-Achse der Stadt die wichtigen Magistralen Bloor Street und Danforth Avenue. Auf einem unteren Stockwerk erlaubt sie auch der Untergrundbahn die Querung des Don-Tals: „Die Brücke wächst wie im Traum. Sie wird die Ostseite

Bloor Street Viaduct und Don River im Jahr 1918

mit der Innenstadt verbinden. Sie wird Verkehr, Wasser und Strom über das Tal des Don transportieren. Sie wird Eisenbahnzüge transportieren, die noch nicht einmal erfunden sind."

Die knapp 500 Meter lange Fachwerkbogenbrücke, die offiziell Prince Edward Viaduct heißt, aber allgemein als Bloor Street Viaduct bekannt ist, ist ein zentrales Motiv in Michael Ondaatjes Erzähltext, in dem unter anderem geschildert wird, wie sie unter dem Einsatz zahlreicher Einwanderer aus der ganzen Welt erbaut und somit lange vor der Erschaffung dieses Kanada charakterisierenden politischen Begriffs zu einem Monument des kanadischen Multikulturalismus wird.

Arbeiter beim Bau des Bloor Street Viaduct

Einer der zentralen Charaktere im Roman ist der aus Mazedonien eingewanderte und historisch belegte Bäcker und Bauarbeiter Nicholas Temelcoff (1896-1988). Temelcoff ist unter lebensgefährlichem Einsatz am Bau der Brücke beteiligt und wird dabei (und dies ist wohl ein fiktionales Element in Ondaatjes ansonsten meist an historischen Fakten ausgerichtetem Roman) zum Lebensretter einer von der Brücken-Baustelle herabstürzenden Nonne.

Die Szene aus dem Roman, in der Temelcoff dieser Nonne das Leben rettet und sich dabei die eigene Schulter auskugelt, als er sie in ihrem Sturz auffängt, ist zu einem zentralen Zitat der kanadischen Literatur geworden. Sie wird seit 2009 als "Canadian Bookmark Number One" auf dem "literarischen Pfad" Kanadas mit einer Plakette gewürdigt und setzt damit auch dem bis dahin eher namenlosen Einwanderer ein Denkmal.

Die Brücke, die die 40 Meter tiefe Schlucht des Don River überquert, zog immer wieder auch zahlreiche lebensmüde Menschen aus der Stadt an. Nach manchen Berichten soll die Brücke früher nach der Golden Gate Bridge in San Francisco die zweithöchste Zahl an Selbstmorden verzeichnet haben.

Die unheimliche und wohl auch durch literarische Mythologie und "folk history" verstärkte, fast magnetische Anziehungskraft der Brücke für suizidgefährdete Menschen veranlasste die Behörden allerdings, diesem Bestreben durch bauliche Veränderungen Einhalt zu gebieten. Deshalb ist der Brücke seit einigen Jahren eine Barriere in Form eines "leuchtenden Schleiers" vorgebaut, der das Herabspringen verhindert und somit die Zahl der Selbstmorde zumindest an dieser Brücke in Toronto gegen Null streben lässt.

Trotzdem wohnt der Brücke immer noch eine mythisch-bedrohliche Kraft inne, wie es sowohl in literarischen Werken wie Judith Thompsons Theaterstück *White Biting Dog* (1984) oder auch Salvatore Antonios *In Gabriel's Kitchen* (2007), in der sich die Hauptfiguren von der Brücke stürzen bzw. stürzen wollen, als auch in zumindest einer Folge der auch in Deutschland bekannten Judgendfernsehserie Degrassi Junior High geschildert wird. Auch in journalistischen Texten wurde diese Realität bis zum Bau des "leuchtenden Schleiers" immer wieder geschildert.

Martin Kuester Anglist und Kanadist i.R. (Universität Marburg), wurde an der University of Manitoba mit einer Dissertation zum kanadischen Geschichtsroman promoviert und an der Universität Augsburg mit einer anglistischen Studie habilitiert. Er gilt als einer der international renommiertesten Kanadisten. Martin Kuester war von 2001 bis 2022 Direktor des Marburger Zentrums für Kanada-Studien und von 2011 bis 2013 Präsident der Gesellschaft für Kanada-Studien.

Gastgeber Bernd Brummermann führt durch Warnemünde

COOL

CANADA DAY-WOCHENENDE IN ROSTOCK

(ub) Rostock – eine gelungen Premiere. Zum ersten Mal war die DKG in Mecklenburg-Vorpommern zu Gast. Trotz des nassen und kühleren Wetters waren die Gäste erkennbar begeistert. Vom Land, von der Stadt und vom Canada Day-Wochenende. Die weite Anreise, von der zuvor viel die Rede gewesen war, hat sich gelohnt! Schon beim Get-Together am Freitag kamen so viele Kanada-Freunde zusammen wie nie zuvor. Die ausgedehnte Führung am Samstagvormittag kam ebenso gut an wie der Abschlusstörn auf einem Schiff nach Warnemünde. Gastgeber Bernd Brummermann, lange im DKG-Vorstand für das Work & Travel Programm verantwortlich und nun im Präsidium, versprach zu Beginn des Festaktes im obersten Stock des Radisson Blu, „wenn Stühle fehlen, werden wir sie noch schnell besorgen. Nor-

malerweise haben wir bei solchen Veranstaltungen immer No-Shows, aber heute sind wir überbucht, ich finde das cool!"

Nach den beiden Nationalhymnen begrüßte DKG-Präsident Michael Siebold die Gäste per Video aus Paris. Ihm liege es am Herzen, allen für die starke Unterstützung zu danken. Eine Gesellschaft sei nur so lebendig und erfolgreich, wie es die Mitglieder seien. Gegenüber Isabelle Poupart, als Chargée d'Affaires derzeit Kanadas oberste Vertreterin in Deutschland, hob er die große Freundschaft zwischen beiden Ländern hervor. „In particularly trying times it is of upmost importance to have friends in the world. Canada has its friends here in Germany and we are privileged to have our friends in Canada."

Isabelle Poupart freute sich in ihrer auf französisch, englisch und deutsch gehaltenen Replik zunächst ganz besonders darüber, dass DKG-Mitglied Carolin Koch die französische und englische Version der kanadischen Nationalhymne in voller Länge gesungen hatte. „This was a real treat!" Und: Man könne ohne Übertreibung behaupten, dass unsere Freundschaft noch nie so tief wie heute gewesen sei. Unsere Wirtschaftsbeziehungen seien stärker denn je. Kanadas oberste Diplomatin in Berlin berichtete darüber, dass sie Bundespräsident Steinmeier nach Kanada, u.a. in die Arktis, begleitet habe, wo sich der Klimawandel messbar auswirkt. Gemeinsame Anstrengungen gegen den Klimawandel seien ein Beispiel dafür, wie Deutschland und Kanada enger zusammenarbeiten könnten und müssten.

An diesem 1. Juli wurden außerdem gleich drei Ehrenpreisträger vorgestellt. Albert Rau und Jennifer Dummer für 2023 und Gerd Braune für 2022. Er hatte im vergangenen Jahr nicht kommen können. Das wurde jetzt nachgeholt.

Gerd Braune erhielt den Ehrenpreis der DKG für 2022, ...

Wolfgang Klooß, Anglist und Kanadist, Mitglied des Präsidiums der DKG und selbst Ehrenpreisträger 2019, hielt die Laudatio auf Gerd Braune:

„Wenn jemand Kanada im öffentlichen deutschsprachigen Raum bekannt gemacht hat, so sind dies nicht zuletzt die JournalistInnen der Printmedien. Viele sind es leider nicht. Aber es gibt ja einen Gerd Braune, der es sich zu eigen gemacht hat, als Korrespondent und Buchautor seine Leserschaft an seinen Beobachtungen und an seinen (kritischen) Einschätzungen regelmäßig teilhaben zu lassen.

In Toronto geboren, aber in Deutschland aufgewachsen, lebt Gerd Braune seit 1997 in Ottawa, von wo aus er als freier Journalist für verschiedene Zeitungen, darunter das *Handelsblatt*, die *Stuttgarter Zeitung*, der *Tagesspiegel*, die *Augsburger Allgemeine* oder die *Frankfurter Rundschau*, über Kanada berichtet. Zu seinen Büchern zählen Monographien über die *Arktis* (2016), *Kanadas indigene Völker* (2020) und der Einführungsband *Kanada: Ein Länderportrait* (2021).

Die von Braune behandelten Themen sind so weitgefächert und vielseitig wie das Land selbst: Immigration, Multikulturalismus, Kanadas Naturressourcen, die autochtone Bevölkerung, aber auch Hockey als Nationalsport. In neueren Beiträgen hat er sich mit der Truckerblockade in Ottawa, den vorgezogenen Neuwahlen und dem siebten Amtsjahr Trudeaus, den internationalen Interessen in der Arktis, dem Klimawandel oder den europäischen Expansionsplänen von Kanadas Cannabis-Firmen befasst. Und er hat, so auch in einem Beitrag für das DKG Journal, die Situation des indigenen Kanada in der Pandemie abgehandelt. Auf Regionalveranstaltungen der DKG hat er wiederholt vorgetragen und seine Bücher vorgestellt. In der letzten Aprilwoche durfte Gerd Braune den Bundespräsidenten auf dessen Reise nach Kanada, die unter anderem umweltpolitischen Fragen und der Aushandlung einer Energiepartnerschaft zwischen beiden Ländern gewidmet war, begleiten.

Wenn die journalistischen Arbeiten des Preisträgers so authentisch und einfühlsam beim Leser ankommen hat dies wohl auch damit zu tun, dass Gerd Braune nicht nur vom heimischen Schreibtisch aus wirkt, sondern auch immer wieder im Feld unterwegs gewesen ist."

DKG-Präsidiumsmitglied Udo Voigtländer stellte die Literaturwissenschaftlerin Jennifer Dummer vor. Sie ist die bisher jüngste Ehrenpreisträgerin. Nach ihrem Studium in Mainz, Berlin und Montréal hat sie sich bereits jetzt schon um die Vermittlung der frankokanadischen Literatur und Musik in Deutschland verdient gemacht, begründete Udo Voigtländer die Wahl. Sie habe tolle Kolumnen im Magazin 360° Kanada (jetzt 360° NordAmerika) veröffentlicht. 2020 erschien ihre zweisprachige Anthologie *Pareil, mais différent –*

... Jennifer Dummer und ...

Genauso, nur anders bei dtv mit Kurzgeschichten von frankokanadischen und Québecer AutorInnen. 2021 folgten *Uiesh – Irgendwo*, ein Gedichtband von Joséphine Bacon, und *Reiz der Rache*, ein Roman von J. D. Kurtness, die sie zusammen mit Andreas Jandl für den KLAK Verlag übersetzt hat. Sie organisiert und begleitet Lesungen kanadischer AutorInnen in ganz Deutschland. Udo Voigtländer: „Jennifer arbeitet heute als Kulturvermittlerin für Literatur und Musik aus Québec in Deutschland. Die DKG sei daran interessiert, sie unter ihren Mitgliedern bekannt zu machen

und mehr zusammen mit ihr und franko-kanadischen AutorInnen in den Regionen zu veranstalten.

Albert Rau ist der andere Ehrenpreisträger 2023. Wolfgang Klooß trat erneut ans Mikro.

„Noch zu Beginn der 1980er Jahre waren Kanada und seine Literaturen auf der deutschen Schullandkarte eine terra incognita. Cependant, au cours des années 1980, le Canada a reçu une attention croissante de la part des étudiants et des enseignants d'anglais et de français, notamment grâce à des Canadianistes engagés et dévoués comme Albert Rau, qui étaient à l'avant-garde du développement des leçons et de matériel d'apprentissage sur des sujets et de la littérature canadienne et qui les incluaient dans leurs propres activités en classe."

Es sei eine große Ehre und ein Vergnügen, Albert Rau den DKG-Ehrenpreis zu überreichen, sagte Wolfgang Klooß.

Albert Rau wurde 1953 südlich von Köln in der Schlossstadt Brühl geboren, wo er auch aufgewachsen und zur Schule gegangen ist. Nach seinem Studium in Bonn und an der University of Victoria war er von 1984-2017 Lehrer am Erzbischöflichen St. Ursula-Gymnasium in Brühl.

For more than forty years, Albert Rau has tirelessly promoted Canadian Studies as part of high school curricula.

Seit 2008 hat er einen Lehrauftrag an der Universität Köln für kanadische Literatur und kanadisches Theater. In Fachartikeln beschäftigt er sich unter anderem mit „Visible Minorities in Canadian Drama" oder „Plays for Young Audiences."

Albert Rau hat vielen deutschen Schülerinnen und Schülern einen weiten Blick auf Kanada und seine Literaturen ermöglicht. Auch im Ruhestand hält er Vorträge in Buchhandlungen, auf Lehrerfortbildungen, auf nationalen und internationalen Kanadakonferenzen. Er ist Gründungsmitglied der Gesellschaft für Kanada-Studien (GKS) und seit vielen Jahren Mitglied der DKG.

Seine Frau Marlene sagt über ihn: ‚Er fühlt sich nicht nur in Kanada zu Hause, seitdem ich meinen Mann kenne, ist Kanada auch bei uns zu Hause.' Das Präsidium der DKG hat mit Albert Rau einen würdigen Ehrenpreisträger ausgewählt."

... Albert Rau für 2023.

INDIGENE MOMENTE IN MANITOBA

Eine Tour an den Bannock Point Petroforms mit Diane Maytwayashing

Manitobas Storyteller wecken indigene Geschichte und Kultur zum Leben und sorgen damit für eine ganz neue Art von Reiseerfahrung. Die Reisejournalistin Shel Zolkewich hat einige Ideen für indigene Begegnungen in Manitoba zusammengetragen.

Begegnung mit den Sayisi Dene

Die Sayisi Dene sind das vielleicht am wenigsten bekannte indigene Volk Manitobas. Aber auch sie haben eine große Geschichte zu erzählen. Als Nomadenvolk folgten sie einst, in einer Zeit, als es noch keine Landkarten gab, den Barrenland-Karibus durch den Norden Kanadas. Florence Hamilton ist eine von ihnen. Mit ihrem Unternehmen Dene Routes bietet sie geführte Spaziergänge und Präsentationen in Churchill an, bei denen sie das beinahe verloren gegangene kulturelle Wissen ihrer Vorfahren weitergibt.

Vom Schmerz zur Heilung

Das National Indigenous Residential School Museum (nirsmuseum.ca) liegt auf dem Gebiet der Long Plain First Nation in der Stadt Portage la Prairie. Es ist ein Ort, an dem Artefakte und Dokumente all jenen ein Denkmal setzen, die als indigene Schüler ab der zweiten Hälfte des 19. Jahrhunderts bis ins Jahr 1996 zwangsweise in kanadischen „Residential Schools" untergebracht und unterrichtet wurden. Noch wichtiger sind die Geschichten, die diese Artefakte und Dokumente erzählen.

Es gibt viel Leid in den Mauern der ehemaligen Residential School, aber es gibt auch Hoffnung, denn das Vermitteln der Geschichte(n) hilft den Überlebenden auf ihrem Weg der Heilung. Zu besonderen Anlässen berichten ehemalige Schüler persönlich von den Erlebnissen ihrer Schulzeit. Dies unterstreicht die Vision des Museums, ein Ort zu sein, an dem die Menschen lernen, sich auszutauschen und sich mit einem größeren Verständnis weiterentwickeln zu können.

Wunder des Whiteshell

Bereits seit Tausenden von Jahren nutzten die Ureinwohner Kanadas das Gebiet des heutigen Whiteshell Provincial Parks im Südosten Manitobas für Jagd, Fischfang und Handel sowie viele andere Dinge. Die Bannock Point Petroforms beherbergen hier Steinformationen in Form von Menschen und Schlangen, Vögeln und Schildkröten, die sorgfältig auf moosbedeckten Felsen in Kanadas präkambrischem Schild angeordnet sind. Diane Maytwayashing kennt diese Felsen gut. Die Wissenshüterin der Anishinaabe von Whiteshell Petroforms Authentic Indigenous Tours (whiteshellpetroforms.com/) nimmt Besucher mit auf geführte Wanderungen durch die heilige Stätte ihres Volkes und erzählt von den Lehren und Heilungen, die bis heute in Form von Zeremonien und Gesängen weiterleben.

Mehr dazu: *360grad-travel.club/news/ kanada/item/manitoba-indigene-momente*

Familienferien auf Long Island

Das Adventureland bietet mehr als 30 Fahrgeschäfte.

Long Island ist ein familienfreundliches Reiseziel mit vielseitigen Vergnügungsparks, spannenden Outdoor-Erlebnissen und vielen Attraktionen. Direkt vor den Toren von New York kommen alle Generationen auf ihre Kosten.

Abenteuerliche Achterbahnen

Einer der beliebtesten Familien-Vergnügungsparks ist das Adventureland in Farmingdale. Mehr als 30 Fahrgeschäfte versprechen einen temporeichen Tag, darunter Nordamerikas erste Achterbahn, die einzige Spinning-Achterbahn von Long Island, Wildwasserbahn, Autoscooter, Riesenrad, Music Express, Piratenschiff und vieles mehr. Im Kinderland fahren die Kleinen mit dem Alfie Express, heben in Hubschraubern ab oder drehen sich in Spinning Cars.

Zipline und Hochseilgarten am Strand

Ziplining am Jones Beach

Am Jones Beach an der Südküste warten echte Höhenflüge: Besucher können an einem Dutzend Ziplines (Seilrutschen) durch die Bäume flitzen, im Hochseilgarten ihre Kletter- und Balancekünste testen, in einer riesigen Schaukel schweben oder sich beim Bungeejumping an einem Gummiseil in die Tiefe stürzen. Für jüngere oder zaghaftere Leute gibt es auch einen kinder-freundlichen Parcours, außerdem Hängeleitern, Brücken, Netze und Hindernisspiele.

Trapez- und Zirkuskunst

Die erste Schule für Trapez- und Zirkuskunst auf Long Island führt Kinder und Erwachsene in die außergewöhnliche Welt der Artistik ein. In den Flugkursen lernen sie von sachkundigen Lehrern, wie sie ihre Welt auf den Kopf stellen können. Neben Übungen an Trapezen, Seilen, Netzen oder Riemen bieten die Profis auch Kurse für Jonglieren, Balancieren, Rhönradfahren oder Fackelschwingen an. In Liveshows zeigen lokale Talente inspirierende Kunststücke und verblüffende Tricks.

Auf Baumwipfelpfaden

Zipline- und Klettererlebnisse sind im Adventure Park garantiert, wobei alle Fami-

Erlebnisreicher Adventure Park

lienmitglieder je nach Kraft und Kondition, Mut und Schwindelfreiheit ihre Herausforderung finden. Es gibt Niedrigseil- und Hochseilparcours mit Seilrutschen für alle Altersgruppen ab sieben Jahren. Auf 14 Baumwipfelpfaden mit hunderten Plattformen, die durch Brücken, Leitern, Seilrutschen und andere Übergänge verbunden sind, können Groß und Klein zwischen den Bäumen herumklettern

Naturwunder und Tiere erleben

Naturliebhaber aus der ganzen Welt kommen nach Long Island, um Weißkopfseeadler, Fischadler und seltene Reptilien zu sehen, einzigartige Muschelriffe, Küstenklippen und uralte Bäume zu besuchen. Für Kinder ist die freie Natur der größtmögliche Abenteuerspielplatz, wo sie spannende Erlebnisse und wilde Tiere entdecken können. Zu Ausflügen laden zum Beispiel Naturschutzgebiete, botanische Gärten und Tierparks ein: An der Südküste beispielsweise beherbergt der Norman J. Levy Overlook Park and Preser-ve Teiche, Truthähne, Pfauen, Ziegen und mehr. Vom Gipfel des Schutzgebiets eröffnen sich spektakuläre Ausblicke auf den Jones Beach Tower, die Skyline von New York City und die Küste. Das „Museum der Bäume" im Bayard Cutting Arboretum in Oakdale lädt zu Spaziergängen auf Naturpfaden zwischen Wiesen, Wildblumengarten, Moor und Vogelbeobachtungsplätzen ein.

Auf der autofreien Barriereinsel Fire Island ist ein seltenes Naturwunder zu erleben: The Sunken Forest ist einer der letzten verbliebenen Meereswälder an der Ostküste. Ein Naturpfad führt durch den mystischen Waldstreifen, in dem sich häufig Hirsche, Füchse und andere Wildtiere beobachten lassen. Und in East Norwich sind im Bailey Arboretum atemberaubende Urweltmammutbäume zu bestaunen, von denen man einst annahm, dass sie ausgestorben wären. Im Holtsville Ecology Site & Park wiederum sind Rotluchse, Büffel, Adler, Schwarzbären und andere Wildtiere zu sehen.

Verwunschen wirkender Weg auf Fire Island

New Jersey: Perfekt im Herbst

High Point State Park

Wenn die Blätter an den Bäumen in sämtlichen Rot- und Goldtönen leuchten, dann präsentiert sich New Jersey in seinem ganz eigenen Flair. Denn die Fall Foliage bringt auch hier eine einzigartige Farbenpracht. Zudem hat sich die sommerliche Hitze gelegt, ebenso die Hektik der Hochsaison. Somit erwartet Reisende eine ideale Jahreszeit, um den vielfältigen Garden State zu entdecken.

Städtetouren

Allein für die Panoramafotos vom Big Apple lohnt ein Besuch der Waterfront von Hoboken: Vom westlichen Ufer des Hudson River eröffnet sich eine der schönsten Aussichten auf die Skyline von Manhattan. Doch die Stadt ist weit mehr

Hoboken in New Jersey punktet mit dem perfekten Blick auf die Skyline von New York.

als ein Fotospot für die Millionenmetropole: Während die Washington Street mit Boutiquen und Geschäften zum Schaufensterbummel animiert, stehen das Historical Museum oder die Barsky Gallery für Kunstgenuss.

Die Hauptstadt des Garden State, Trenton, wiederum ermöglicht mit seinem New Jersey State Museum faszinierende Zeitreisen: Dinosaurierfossilien, Relikte aus dem Bürgerkrieg und Artefakte der indigenen Bevölkerung sind ein spannender Mix. Und auch wie die Amerikaner im 17. und 18. Jahrhundert lebten, lässt sich nachempfinden: in den Gärten und dem Areal eines historischen Landhauses im William Trent House Museum von 1719 sowie bei einem Rundgang durch das Old Barracks Museum, das an den Revolutionskrieg erinnert.

Herbstfarben in der Natur

Hier erwartet Urlauber der perfekte Farbenrausch: Sussex und Wantage im Nordwesten New Jerseys liegen ländlich und umgeben von Wäldern in der Fall Foliage. Der High Point State Park lädt zum Wandern, Radfahren und Staunen ein - das

High Point Monument auf dem höchsten Punkt des Garden State mit etwa 600 Metern Höhe erhebt sich über die kaminrot- und goldstrahlenden Hänge und bietet einen Panoramablick über Farmland, Wälder und Täler in New Jersey, Delaware und Pennsylvania. Im Wallkill River National Wildlife Refuge kommen Vogelliebhaber auf ihre Kosten – ebenfalls umgeben von typischen Herbstfarben der Natur. Zum Entspannen empfiehlt sich eine Weinprobe, beispielsweise im Ventimiglia Vineyard.

Wer weiter östlich und damit näher an New York und dem Atlantik die Fall Foliage genießen möchte, steuert den Allamuchy Mountain State Park an. Hier finden Reisende alles, was einen guten Ausflug in dieser Jahreszeit ausmacht: Auf Wanderwegen und Mountainbike-Touren, kombiniert mit einladenden Picknick Spots, lässt sich die Stimmung einfangen. Alternativ bietet sich ein Abstecher in den Farny State Park an, bekannt für seine weiten Baumkronen der hiesigen Eichen.

Am Atlantik

Zugegeben, Atlantic City ist mit Abstand das bekannteste Ziel an der Küste. Aber wie wäre es mit einer Alternative, die nur fünf Meilen entfernt liegt? Margate an der Jersey Shore punktet gleichermaßen bei Strandliebhabern und Sportbegeisterten bis hin zu Anglern und Surfern. Und während sich die Ventnor Avenue als eine

gemütliche Flaniermeile erweist, werden in den hiesigen Restaurants frische Meeresfrüchte serviert.

Als kreativer Küstenort zeigt sich Asbury Park: Restaurants, Shows im The Stone Pony oder im Paramount Theatre sowie viele Bars lassen keine Langeweile aufkommen. Das Silverball Museum motiviert zum Spielen an klassischen Flipperautomaten. Für eine Brise frischer Luft wartet im Anschluss noch ein Bummel über die Strandpromenade.

Margate Beach

Pulsierender Küstenort: Asbury Park

visitnj.org/de
visitnj.org/article/best-fall-getaways-new-jersey-destinations

ANREISE
Gateway nach New Jersey ist in erster Linie der Flughafen Newark (in unmittelbarer Nähe zu New York City), der mit Nonstopflügen ab Berlin, Frankfurt/Main und München erreichbar ist. Alternativ bietet sich Philadelphia in Pennsylvania an, etwa eine Autostunde von Atlantic City entfernt.

KONTAKT
New Jersey
Division of Travel & Tourism
Tel: +49 (0) 69 25538-220
newjersey@wiechmann.de
facebook.com/VisitNewJersey
instagram.com/visit_nj

48 Stunden in Detroit
Comeback der Motor City

Autor: Christian Dose

Detroit erstrahlt in neuem Glanz – Hart Plaza vor der beeindruckenden Skyline.

Berühmte Namen prägen Detroit bis heute: von Auto-pionier Henry Ford über den Maler Diego Reviera und die Musiker der legendären Motown-Studios bis hin zum Milliardär Dan Gilbert. Auf ihren Spuren entdecken Reisende eine Stadt, die aktuell ihr Comeback feiert. Einst eine der reichsten Citys der USA, dann geprägt vom Niedergang: Heute ist die Motor City auf dem Weg zurück zu früherem Glanz.

Tag 1:

9.30 Uhr: Stadtrundgang

„Detroit is back, die Stadt erwacht zu neuem Leben" – freudestrahlend begrüßt uns Dildora Damisch. Geboren in Usbekistan,

Pulsierend: Campus Martius Park

Avenue an – Fotostopps an sehenswerten Plätzen wie der Hart Plaza und dem Campus Martius Park inklusive. Natürlich lässt sich die Innenstadt auf eigene Faust entdecken. Doch dank der Inhaberin der Detroit Motown Tours Company erfahren wir viel über die Geschichte der Stadt und lernen, dass vor allem der milliardenschwere Unternehmer Dan Gilbert den Aufschwung initiiert hat.

11.45 Uhr Pizza-Pause
Auch Detroit ist für seinen eigenen Pizza-Style bekannt: mit dickem Teigboden und köstlichen Käse am Rand – und rechteckig. Unbedingt bei Buddy's Pizza ausprobieren!

lebt sie seit vielen Jahren in der größten Stadt Michigans und ist für ihre kurzweiligen Stadtführungen bekannt. Unser Rundgang startet im Guardian Building – einem eindrucksvollen Zeugnis der Art Déco-Architektur von Wirt C. Rowland, der mit seinem Stil die Stadt geprägt hat ebenso wie der Industrie-Architekt Albert Kahn. Von dort aus steuern wir imposante Gebäude rund um die Woodward

Imposante Innenarchitektur im Guardian Building

Unvergessliches Wandgemälde: Detroit Industry Mural

13.00 Uhr: Kunstgenuss

Prunkstück des Detroit Institute of Arts Museum ist ein überdimensioniertes Wandgemälde des mexikanischen Malers Diego Reviera. Das Detroit Industry Mural aus den 1930er-Jahren nimmt einen ganzen Innenhof ein und würdigt die Arbeiter im Ford-Automobilwerk. Dank weiterer Exponate, darunter Vincent Van Gogh's berühmtem „Selbstportrait", zählt das Haus zu den führenden Kunstmuseen. Im Anschluss empfiehlt sich ein Spaziergang durch den angesagten Stadtteil Canfield-Midtown District mit Geschäften und Mikrobrauereien. Alternativ sind es nur ein paar Schritte zum Charles H. Wright Museum of African American History. Hier erhalten Reisende einen guten Überblick zur anglo-afrikanischen Geschichte. Viele Exponate schildern die Zeit von Diskriminierung und den Kampf für mehr Freiheit.

15.00 Uhr: Oldtimer bestaunen

Niemand hat Detroit und Michigan so geprägt wie die Pioniere des Automobilbaus – etwa Henry Ford, der mit seinem Ford T den Automobilbau revolutionierte. Seine erste eigene Fabrik war die Geburtsstätte des legendären Automobils. Einen Abstecher ins Ford Piquette Plant mit mehreren Dutzend historischer Fahrzeuge sollte sich niemand entgehen lassen. Wer sich hingegen weiter der Architektur hingeben möchte, steuert das Fisher Building. Das 1928 eröffnete gilt als „Detroits größtes Kunstobjekt" – dank der eindrucksvollen, dreistöckigen Lobby aus Marmor gepaart mit spektakulären Mosaiken. Samstags werden auch Führungen angeboten.

Beeindruckende Lobby des Fisher Building

Club des Hotels Element Detroit at the Metropolitan. Reisende ohne Höhenangst können die Motor City (sowie den Detroit River) vom Hubschrauber aus entdecken. Ein sehenswerter Mix aus Natur entlang des Flusses plus Industrieromantik sowie Skyline erwartet die Passagiere.

Beliebte Rooftop-Bar: Monarch Club

16.30 Uhr: Spaziergang am Fluss

Nach so viel Sightseeing tut eine Pause gut – beispielsweise am Ufer des Detroit River. Der Riverwalk erstreckt sich über rund fünf Kilometer, Restaurant und Kinderkarussell inklusive. Eine ruhige grüne Oase zum Durchatmen – von den Lesern von USA Today drei Jahre in Folge zum schönsten Ufer gewählt und stets mit einem Blick ins angrenzende Kanada.

18.00 Uhr: Detroit von oben

Zum Start in den Abend empfiehlt sich ein Absacker in einer der Rooftop-Bars. Direkt am Fluss bietet sich das Highlands im 72. Stock des Renaissance Center (Sitz des Automobilkonzerns General Motors und des Mariott Hotels) an. Open-Air genießt man ein Kaltgetränk im Monarch

19 Uhr: Nightlife

Abends zieht es Einheimische wie Touristen ins Unterhaltungsviertel Greektown. Hier findet sich eine Taverna neben der anderen – beispielsweise das Pegasus. Im Anschluss lässt sich nebenan im Hollywood Casino die Urlaubskasse aufbessern (oder plündern). Definitiv hingegen ein Gewinn: die Cocktails in der Bad Luck Bar, dem wohl besten Speakeasy der Stadt.

Aus dem Hubschrauber: Detroit von oben

Tag 2:

8.00 Uhr: Ab auf den Markt oder die Insel

„Pflichttermin" für alle, die samstags in Detroit sind: der Historic Eastern Market, der größte öffentliche Markt der USA. Die mehr als 150 Stände locken bis zu 45.000 Besucher an. Rund um den Markt liegen die St. Joseph Roman Catholic Church und der Lafayette Park. Zu einem morgendlichen Spaziergang animiert die langgezogene Insel Belle Isle inmitten des Detroit River. Der weitläufige Park ist Detroits Gegenstück zu New Yorks Central Park. Zoo und Aquarium sowie viel Grün und der lange Strand an der Nordostspitze machen Belle Isle zum idealen Erholungsziel.

Durch das Greenfield Village können sich Besucher im 100 Jahre alten Ford T chauffieren lassen: Der kleine Aufpreis ist es allemal wert!

11.00: Autokunst und Zeitgeschichte

Eine Zeitreise erleben Reisende in Dearborn am Sitz des Ford-Konzerns, der hier mehrere Attraktionen geschaffen hat. Vor allem das Freilichtmuseum Greenfield Village begeistert: Hier hat Henry Ford ab 1929 ein beeindruckendes Gebäude-Ensemble geschaffen, die einer amerikanischen Kleinstadt wie aus dem Bilderbuch ähnelt. Dazu hat er Häuser aus anderen Regionen des Landes hierher versetzt. Und nicht zu vergessen: Besucher können sich in einem Ford T chauffieren lassen. Nebenan erweist sich das Henry Ford Museum of American Innovation als Ausstellung der Superlative: mehr als 26 Millionen Exponate. Zu den Highlights unter den Oldtimern, Zügen, Flugzeugen und vielem mehr zählen die Limousinen mehrerer US-Präsidenten.

17.00 Uhr: Musikgenuss

Neben den Motoren prägen die Musiker den Ruf der Stadt – allen voran die Künstler der Plattenfirma Motown. Im legendären Studio A nahmen beispielsweise Stevie Wonder und die Supremes ihre Songs auf. Dieser ikonische Raum ist die Topattraktion einer Führung durch das Motown Museum. Eine Stunde voller Musik und Anekdoten erwartet Besucher des kleinen Gebäudekomplexes, nur wenige Minuten von Downtown entfernt – Mitsingen im Studio A inbegriffen.

19.00 Uhr: Dinner

Neben der Detroit-Style Pizza und Greektown lässt die Stadt auch sonst keine kulinarischen Wünsche übrig: Das PARC at Campus Martius Park kombiniert Detroiter und Midwest-Aromen mit französischen und mediterranen Einflüssen. Der

Rattlesnake Club wiederum punktet mit gehobener Küche und mit Blick auf Riverwalk und Skyline.

21.00 Uhr: Live-Musik
Als Stadt der Musik haben Urlauber abends die Qual der Wahl: In so vielen Bars lässt sich Live-Musik lauschen. Zu den Klassikern für Jazz und Blues zählen das Cliff Bell's und Willis Show Bar. Zentral liegt das beliebte Cafe D'Mongos.

Pulsierendes Nachtleben

visitdetroit.com

ANREISE
Detroit wird täglich von Delta Airlines ab München und Frankfurt angeflogen, ebenso von Lufthansa ab Frankfurt (außer freitags).

AKTIVITÄTEN
Detroit Motown Tours Company: *detroittowntour.com*
Detroit Institute of Arts Museum: Montags Ruhetag, 18 USD Eintritt; 5200 Woodward Ave, Detroit, MI 48202, *dia.org*
Charles H. Wright Museum of African American History: Mittwoch bis Sonntag, 15 USD Eintritt; 315 E Warren Ave, Detroit, MI 48201, *thewright.org*
Ford Piquette Avenue Plant Museum: Mittwoch bis Sonntag, 17 USD Eintritt; 461 Piquette Ave, Detroit, MI 48202, *fordpiquetteplant.org*
Max Flight Helicopter: Rundflüge ab 150 USD, *maxflighthelomi.com*
The Henry Ford: Eintritt Greenfield Village 38 USD und Henry Ford Museum 35 USD; 20900 Oakwood Blvd., Dearborn, MI 48124, *thehenryford.org*
Motown Museum: Führungen von Mittwoch bis Sonntag, 20 USD pro Person; 2648 Berry Gordy Jr. Boulevard, 2648 W Grand Blvd, Detroit, MI 48208, *motownmuseum.org*

ESSEN UND TRINKEN
Buddy's Pizza: Madison Building, 1565 Broadway St, Detroit, MI 48226, *buddyspizza.com*
Highlands: 400 Renaissance Center, Detroit, MI 48243, *highlandsdetroit.com*

Pegasus Taverna: 558 Monroe St, Detroit, MI 48226, *pegasustavernas.com*
Bad Luck Bar: 1218 Griswold St, Detroit, MI 48226, *badluckbar.com*
PARC at Campus Martius Park: 800 Woodward Ave, Detroit, MI 48226, *parcdetroit.com*
The Rattlesnake Club: 300 River Pl Dr, Detroit, MI 48207, *rattlesnakedetroit.com*
Cafe D'Mongos Speakeasy: 1439 Griswold St, Detroit, MI 48226

UNTERKUNFT
Detroit Marriott Renaissance Center: Zentrale Lage mit spektakulärer Sicht auf Skyline und Fluss, ab 270 USD; 400 Renaissance Drive, Detroit, MI 48243, *marriott.com/en-us/hotels/dtwdt-detroit-marriott-at-the-renaissance-center/overview*

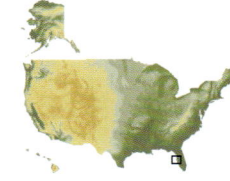

KENTUCKY: FÜNF EMPFEHLUNGEN FÜR ERLEBNISSE IN DER NATUR

Abenteuerliche Paddeltour: The Gorge Underground

Natürlich ist Kentucky gerade für den Bourbon, das legendäre Pferderennen Kentucky Derby und als Heimat von Boxidol Muhammad Ali bekannt. Doch wie wäre es, den Blue Grass State vom Wasser aus, in Höhlen oder beim Klettern zu erkunden? Und wer eine Alternative zu Hotel oder Motel sucht, übernachtet auf Hausbooten oder in Baumhäusern. Fünf Tipps für besondere Momente in Kentucky.

Kick im Canyon

In den Ausläufern der Appalachen mit ihren scheinbar immergrünen Hügellandschaft entdecken Reisende eines der weltbesten Klettergebiete: die Red River Gorge. Sowohl erfahrene Kletterer als auch

Natural Bridge

Anfänger finden hier den Adrenalinkick. Zudem lässt sich die Schlucht im östlichen Kentucky bei Wanderungen erkunden. Und zu einem Kunstwerk der Natur fährt sogar eine Seilbahn: Die Natural Bridge erstreckt sich als natürlicher Steinbogen über 24 Meter und ist 20 Meter hoch. Ein besonderes Abenteuer erwartet Besucher bei The Gorge Underground: Während einer Kajaktour entdecken sie Höhlen und Grotte – unterirdisch im Canyon. Teils sind die Boote durchsichtig und mit LEDs illuminiert. Eine spektakuläre Tour. Nach so viel Erlebnissen entspannt es sich gut in einer der vielen Lodges – oder in einem Baumhaus, der Natur ganz nahe.

Ideal zum Wandern

Die Red River Gorge ist zudem Teil eines scheinbar endlosen Waldgebiets, das sich vom Nordosten bis zum Südosten des Bluegrass State erstreckt. Von kurzen Touren bis zu mehrtägigen Wanderungen: Den Daniel Boone National Forest durchziehen mehr als 600 Meilen an Wanderwegen. Neben dem Sky Bridge Trail – in der bekannten Schlucht und mit spektakulärer Aussicht – zählt der kurze Rock Bridge Trail entlang mehrerer Wasserfälle zu den beliebtesten Wegen. Neben Wassersport begeistern auch Fahrradtouren auf den gut ausgebauten Wegen.

Nächtlicher Regenbogen

Nicht nur der Beiname „Niagara Falls des Südens" motiviert: Die Cumberland Falls im gleichnamigen State Park gelten als die mächtigsten Wasserfälle im Süden der USA – 40 Meter breit, 21 Meter hoch. 3600 Kubikmeter Wasser strömen pro Sekunde über die Sandsteinkante. Zu jeder Tageszeit ein beeindruckendes Schauspiel. Doch in klaren Vollmondnächten lohnt ein Abstecher besonders: Dann erstrahlt der sogenannte Moonbow, ein nächtlicher Regenbogen, der sich durch aufsteigenden Nebel bildet. Solch ein seltener Regenbogen wie hier an den Cumberland Falls ist sonst nur noch an einem anderen Ort weltweit zu bestaunen.

Längstes Höhlensystem der Welt

Im Süden Kentuckys lockt eine weitere Sensation: Der Mammoth Cave National Park schützt das weltweit längste Höhlensystem – mehr als 400 Meilen unter der Erde sind dokumentiert. Bei Führungen von 30 Minuten bis fünf Stunden gewinnen Reisende Einblick in eine ganz andere Welt. Auch sonst bietet der Nationalpark viel: von Reittouren über Klettern bis Kanu- und Kajakfahrten auf den Flüssen. Ausgangspunkt ist Cave City, bekannt beispielsweise für den familienfreundlichen Freizeitpark Dinosaur World.

Cumberland Falls

Unterwegs mit dem Hausboot

Weite Strände, ruhige Buchten und Hausboote: Die Heimat des Bourbon punktet auch mit einer weiten Seenlandschaft. Hier sind Gäste aus Übersee eher abseits der bekannten Pfade unterwegs. Wer entschleunigen möchte, mietet ein Hausboot auf dem Lake Cumberland – mit der größten Flotte an Hausbooten der USA wohl auch die „Welthauptstadt der Hausboote". Und neben dem Lake Cumberland locken viele weitere Seen, beispielsweise der Kentucky Lake als ausgezeichnetes Angelrevier oder der Lake Barkley, bekannt für viele Barsche. Und natürlich lassen sich vielerorts Boote leihen. Sanft auf den Wellen entspannen, Kentucky von der Wasserseite genießen, Sonnenaufgänge und -untergänge vom Schiff erleben – mehr Natur geht wohl kaum?

Kentucky ist auch ein Paradies für Wassersportler.

deep-south-usa.de/kentucky
kentuckytourism.com/international/de
kentuckytourism.com/outdoors/natural-attractions

Bradenton Gulf Island
begeistert mit sanftem Lifestyle

Autor: Christian Dose

*Coquina Beach: für viele
Reisende der schönste
aller Strände auf Anna
Maria Island*

Entspannung pur auf Anna Maria Island

L eise säuselt das türkisfarbene Wasser gen Strand, nebenan schmücken bunt angestrichene Häuser die Pine Avenue, der lange City Pier lädt zum Verweilen ein, mit Glück zeigt sich ein Delfin: Gemütlichkeit wird auf Anna Maria Island groß geschrieben. Am besten mieten sich Urlauber hier ein Golfcart und erkunden so auf ganz eigene Art das Eiland. Entschleunigung pur. Doch nicht nur die zehn Kilometer lange aber schmale lange Insel steht für sanften Lifestyle, sondern auch das angrenzende Longboat Key und das benachbarte Bradenton: zusammen

bekannt als Bradenton Gulf Islands – ein Name, der sofort Sehnsucht weckt. 360° NordAmerika-Chefredakteur Christian Dose portraitiert eine Region, die in Florida bis heute noch eher in die Kategorie „abseits der bekannten Strände" fällt und schon lange auf seiner Bucket List steht.

Urbaner Lifestyle

Selbst in Bradenton, mit rund 55.000 Einwohnern die größte Stadt in der Umgebung, geht es gemächlich zu. Den Namensgeber der Region (etwa 45 Autominuten südlich vom Flughafen Tampa entfernt) entdeckten Urlauber am besten bei einem Spaziergang am Wasser. Über gut zwei Kilometer zieht sich der Riverwalk entlang des Manatee River. Vorbei am kleinen Hafen mit prächtigen Jachten und einigen Restaurants bummelt es sich ganz entspannt. Ein perfekter Einstieg – und vor allem fußläufig zu einer Topattraktionen des Ortes: Das Bishop Museum of Science and Nature gilt als eines der größten Naturkundemuseen im Sunshine State. Allein schon das Parker Manatee Rehabilitation Habitat lohnt einen Besuch. Hier werden kranke oder verletzte Seekühe gepflegt, bis sie wieder in die Freiheit entlassen werden können. Den Manatees im großen Pool könnte man wohl stundenlang zusehen. Weitere Ausstellungen informieren über das Meeresleben sowie die weite

Schlendern am Riverwalk in Bradenton – und ab Herbst verbindet eine neue Fähre die Stadt mit Anna Maria Island.

Geschichte der Region. Besonders sehenswert: das angeschlossene Planetarium.

Wer sich für Kunst und Kultur interessiert, spaziert im Anschluss durch das Künstlerviertel Village of the Arts mit vielen kleinen Boutiquen und Cafés. Ebenso pittoresk: die Old Main Street mit ihren liebevoll restaurierten Häusern. Einen Ausflug in die Vergangenheit verspricht schließlich ein Besuch des Judah P. Benjamin Confederate Memorial Gamble Plantation Historic State Park.

Prämierte Strände

Im Parker Manatee Rehabilitation Habitat werden kranke oder verletzte Manatees wieder aufgepäppelt.

Von Downtown Bradenton ist es jetzt nicht mehr weit zu den bekannten Stränden von Anna Maria Island. Nur wenige Minuten hinter der Anna Maria Island Bridge, die das Festland mit dem Eiland verbindet, motiviert der Manatee Beach für einen ersten Badestopp. Breiter Sandstrand und die leichten, warmen Wellen des Golf von Mexico. „Der ideale Platz für gechillte Stunden am Meer", erinnert sich ein Frankfurter Banker noch nach Jahren.

Doch der populäre Strand hat starke Konkurrenz: allen voran den Coquina Beach am südlichen Ende der Insel, nah der Brücke nach Longboat Key. Als „entspannt, von hoch aufragenden Kiefern gesäumt und mit perfektem, unberührten Sand, fein wie Puder" lobt das Magazin Conde

Nast Traveler den längsten Sandstrand auf Anna Maria Island, als es 2015 Coquina Beach auf Platz 5 unter den schönsten Stränden weltweit wählt. Dank seiner weitläufigen Lage abseits der Straße und des Ortes Bradenton Beach sowie dem perfekten Ambiente erscheint hier der Alltag noch weiter weg zu sein als ohnehin in Florida. Dazu passend serviert das Coquina Beach Cafe Frühstück, Lunch und Cocktails. Auch Sonnenschirme und Strandstühle lassen sich hier ausleihen.

Wesentlich ursprünglicher präsentiert sich der Bean Point Beach an der Nordspitze. Leider findet sich hier oft nur schwerlich ein Parkplatz. Ganz andere Ziele empfiehlt indes Mark Samsow, General Manager im Compass Hotel

Manatee Beach

Delfine zeigen sich oftmals den Paddlern im gemieteten Kajak.

Historic Bridge Street Pier mit dem Restaurant Anna Maria Oyster Bar on the Pier

farbenfroh gestrichenen Häusern, wie sie hier überall zu finden sind. Und noch etwas fällt aus: Kein Haus ist höher als drei Stockwerke! Der lokal vorgeschriebene Baustil verhindert Hochhäuser wie anderswo. Und trägt zum sanften Lifestyle bei – genau wie die kleinen Boutiquen und Restaurants. Bekannte Marken sucht man hier vergeblich. Dafür lassen sich gefühlt an jeder Straßenecke Fahrräder oder Golfcarts ausleihen – die lässige (und nachhaltige) Alternative zum Auto. Nach dem Schlendern unter Pinien zieht es Urlauber gern auf das gut 200 Meter lange City Pier. Von hier eröffnet sich ein Panoramablick auf die weite Tampa Bay, während direkt am Steg oftmals Pelikane zu sehen sind.

Anna Maria Sound: „Fahr' zum Strand von Longboat Key oder setze nach Ehapa Key über!" Letztlich ist es egal: Alle Strände hier stehen für Entspannung – und abendliches „großes Kino", wenn die Sonne spektakulär rot leuchtend im Meer langsam versinkt.

Wer sich sportlich betätigen will, steuert das Robinson Preserve an. Es gilt als ideales Revier für eine Tour mit dem Kanu – oder fürs Standup-Paddling. Und Spaziergänger freuen sich über den Panoramablick vom Aussichtsturm.

Ebenso entspannt präsentiert sich die Bridge Street im nicht weit entfernten Örtchen Bradenton Beach: Gesäumt von Geschäften und Cafés erinnert der Name der Straße an die historische Holzbrücke, die einst die Insel mit dem Festland verband. Heute genießen Reisende die Aussicht vom Pier aus und beobachten die Delfine, die sich hier gern fotogen präsentieren.

Schlendern zum Pier

Als weitere Alternative zum süßen Nichtstun lockt ein Spaziergang entlang der Pine Street in Anna Maria Island. Spätestens jetzt begeistern sich die Reisende an den

Ab aufs Wasser

Der Pier in Bradenton Beach ermöglicht zugleich die Chance, mit dem Boot die Inselwelt zu erkunden. Mehrfach am Tag legt hier die kleine Inlet Explorer von Paradise Boat Tours ab – Delfine sind quasi garantiert. „Hier lebt ganzjährig

eine Schule von 180 Delfinen", erläutert Captain Jimmy. Und ist sichtlich stolz: Denn in der Sarasota Bay ist der maritime Lebensraum noch so intakt, dass die heimischen Delfine bis zu 65 Jahre alt werden – zehn Jahre mehr als üblich. Und in der Tat, es dauert nur ein paar Minuten, bis sich die ersten Meeressäuger zeigen. Viele weitere folgen. Manatees hingegen lassen sich an diesem Tag nicht blicken, dafür aber viele Fische und Seevögel. Und für ein Abschlussfoto nimmt Kapitän Jimmy noch Kurs auf zum Coquina Beach. Was könnte schöner sein als eine Schifffahrt zu Delfinen und Traumstränden?

Delfine lassen sich hier in der Sarasota Bay fast immer beobachten.

bradentongulfislands.com

ANREISE UND REISEZEIT
Das nahe Tampa (45 Autominuten) sowie Orlando (knapp zwei Stunden entfernt) werden jeweils mehrfach pro Woche nonstop von Lufthansa bzw. Eurowings Discover angesteuert. Die Region punktet mit durchschnittlich 249 Sonnentagen. Von Juni bis November muss mit Hurrikans gerechnet werden.

AKTIVITÄTEN
The Bishop Museum of Science and Nature: montags geschlossen, 25 USD Eintritt; 201 10th St W, Bradenton, FL 34205, *bishopscience.org*

Paradise Boat Tours: Mehrere Fahrten pro Tag, 35 USD; 200 Bridge St, Bradenton Beach, FL 34217, *paradiseboattours.com*

Coquina und Manatee Beach: Zutritt und Parken kostenlos, Verleih von Sonnenschirmen (rund 25 USD) und Sonnenliegen (rund 10 USD); *mymanatee.org/departments/sports_and_leisure_services/ parks__preserves___beaches*

ESSEN UND TRINKEN
Anna Maria Oyster Bar on the Pier: Am Pier von Bradenton Beach; 200 Bridge St, Bradenton Beach, FL 34217, *oysterbar.net*

Beach House Waterfront: Perfekte Aussicht in den Sonnenuntergang; 200 Gulf Dr N, Bradenton Beach, FL 34217, *www.beachhousedining.com*

Floridays Woodfire Grill & Bar: Blick auf den Jachthafen am Compass Hotel Anna Maria Sound; 12332 Manatee Ave W, Bradenton, FL 34209, *floridays-annamaria.com*

The Waterfront Restaurant: Nahe zum Pier von Anna Maria Island; 111 S Bay Blvd, Anna Maria, FL 34216, *thewaterfrontrestaurant.net*

UNTERKUNFT
Compass Hotel Anna Maria Sound: Modernes Hotel mit weitläufigem Pool, 2020 am Jachthafen eröffnet, mit perfekter Lage zwischen Bradenton und Anna Maria Island, ab 220 USD inklusive sehr gutem Frühstück; 12324 Manatee Ave W, Bradenton, FL 34209, *compasshotel.com/anna-maria-sound*

Louisiana
Rundreise durch den Pelican State

Sonnenuntergang im Fontainebleau State Park

Die historischen Plantagen entlang des Mississippi, die einzigartigen Marschlandschaften, die Unesco-Welterbestätte Poverty Point oder Lafayette als Zentrum der Cajun-Kultur: Die große Vielfalt Louisianas lässt sich schon binnen weniger Stunden erleben. Viele sehenswerte Ziele liegen nicht weit voneinander entfernt – damit bietet sich der 18. Bundesstaat ideal für eine Rundreise an.

Denn der Pelican State – angesichts seines Wappenvogels – hat weit mehr zu bieten als nur das Top-Ziel New Orleans. Das historische French Quarter und Schmelztiegel vieler Kulturen, die imposanten Villen des Garden District, kulinarische Köstlichkeiten, den Jazz nicht zu vergessen. Das Lebensgefühl der Südstaaten genießen Reisende komprimiert in der größten Stadt des Bundesstaates. Doch nach ein paar Tagen wird es Zeit, die Vielfalt Louisianas zu entdecken.

Im Süden

Nicht weit vom quirligen New Orleans entfernt, entdecken Urlauber rund um den Lake Pontchartrain eine vielfältige Region – für internationale Besucher eher abseits der ausgetretenen Pfade. Auf der östlichen Seeseite locken das historische Städtchen Covington und die berühmte Abita Brewing Company sowie Mandeville und der Fontainebleau State Park

direkt am See. Von hier aus führt der Roadtrip zum westlichen Seeufer – und dann aufs Wasser: Bei einer Bootstour in der Marschlandschaft sind Alligatoren und Kraniche regelmäßig zu beobachten. Vom Bootsanleger für die Swamp Tour sind es nur gut 30 Minuten mit dem Auto bis zu historischen Oak Alley Plantation, bekannt für die eindrucksvolle weitläufige Eichenallee. Unbedingt das imposante Herrenhaus und die nachgebauten Unterkünfte der Sklaven besichtigen.

Ebenfalls ein Topziel im Süden Louisianas: Baton Rouge, die Hauptstadt des Bundesstaates. Mit Blues Festivals und der beeindruckenden Restaurantszene kommt hier der typische Südstaaten-Lifestyle nicht zu kurz. Ein Panoramablick über die Stadt eröffnet sich Besuchern von der Aussichtsplattform im 34. Stock des State Capitol, dem höchsten in den gesamten USA.

St. Louis Cathedral am Jackson Square im French Quarter, New Orleans

Den perfekten Mix aus Südstaaten-Küche und -Musik genießen Reisende zudem in Lafayette sowie in Lake Charles. Die Cajun-Küche mit ihren europäischen Einflüssen lässt sich hier vielleicht noch mehr schmecken als im übrigen Louisiana. Und der Inbegriff der hiesigen Kulinarik kann auf einer Tour besichtigt werden: die Heimat der Tabasco-Soße. In der Tabasco Factory samt Museum auf Avery Island erfahren Reisende alles über die Geschichte der legendären scharfen Soße.

Blue Moon Saloon in Lafayette

Zeitreise verspricht wiederum ein Besuch der Unesco-Welterbestätte Poverty Point: ein archäologischer Komplex eines indigenen Volkes, mutmaßlich 3400 Jahre alt. Die Stätte besteht aus sechs Erdwällen sowie sechs künstlichen Hügeln – und gilt damit als herausragendes und eines der größten Bauwerke seiner Zeit in ganz Nordamerika. Umgeben von einer Landschaft, die den Nachbarstaaten Arkansas, Texas und Mississippi ähnelt, findet sich auch in Städtchen wie Minden, Monroe und Ruston viel Sehenswertes.

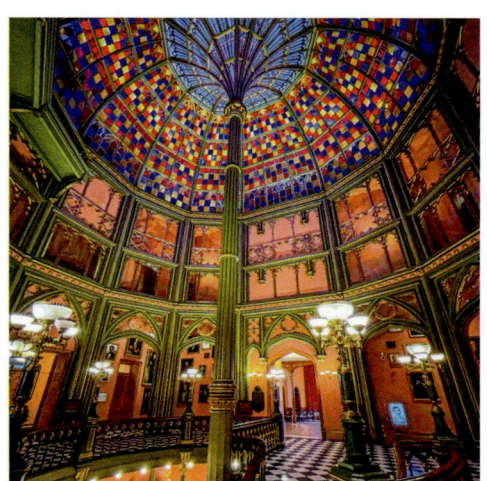

Downtown Natchitoches

Mittendrin in Louisiana

Auf dem Weg Richtung Norden wird die Landschaft zunehmend grün. Es gilt Abschied zu nehmen, von den pittoresken Marsch- und Sumpflandschaften. Die hiesigen State Parks sind willkommene Ruhepole – ideal zum Wandern, Campen und Angeln. Hingegen motivieren geschichtsträchtige Städte wie Alexandria, Frogmore und Ferriday zum Schlendern und Erkunden. Nicht zu vergessen: Natchitoches, die älteste Siedlung in Louisiana und Heimat von Magnolien aus Stahl.

Im Norden

Geschichte und Musik prägen auch das nördliche Louisiana: Musikinteressierte zieht es ins Shreveport Municipal Auditorium, wo einst Elvis Presley berühmt wurde und bis heute Stars auftreten. Eine

LOUISIANA OFFICE OF TOURISM
ExploreLouisiana.de, c/o Wiechmann Tourism Service GmbH, Scheidswaldstr. 73, 60385 Frankfurt, Tel: +49 69 – 255 38-270, Louisiana@wiechmann.de

Vier beeindruckende Wasserfälle in Tennessee

25 Meter hoch: die Larural Falls

Inmitten der malerischen Naturschutzgebiete Tennessees warten Hunderte imposante Wasserfälle darauf, entdeckt zu werden. Vier dieser rauschenden Naturschätze sollten sich Outdoor-Freunde auf keinen Fall entgehen lassen.

Laurel Falls

Der Cherokee National Forest erwartet Besucher mit rund 1300 Kilometern abwechslungsreicher Wanderwege und ist ein beliebtestes Ziel innerhalb des Great Smoky Mountains National Park. Vorbei an geologischen Felsformationen und malerischem Rhododendron wandern Familien auf dem asphaltierten, leichten Laurel Falls Trail in zwei Stunden zu den Laurel Falls. Der rund 25 Meter hohe, kaskadenförmige Wasserfall besteht aus einem durch einen Steg über dem Fluss Laurel Branch getrennten oberen und unteren Teil. Namensgeber des Wasserfalls sind die für die Region typischen Berglorbeeren, die im Mai rund um die Wasserfälle und entlang der Trails blühen. Ausgestattet mit Wasserschuhen ist eine Abkühlung für Groß und Klein garantiert.

Fall Creek Falls

Der Fall Creek Falls State Park ist einer der größten und meistbesuchten State Parks in Tennessee. Urlauber erreichen den rund 300 Quadratmeter großen Park nach einer zweistündigen Autofahrt ab Nashville. Die idyllische Landschaft erstreckt sich über die östliche Spitze des zerklüfteten Cumberland Plateaus und begeistert mit Kaskaden, Schluchten, Wasserfällen, Bächen und üppigen Laubholzwäldern. Das Highlight des Parks sind die Creek Falls – mit einer Höhe von 78 Metern einer der höchsten Wasserfälle im Osten der Vereinigten Staaten. Umgeben von dichten Bäumen stürzen sie die markanten Felswände in ein natürliches Becken hinab. Weitere Wasserfälle im Park sind die Piney Falls, die Cane Creek Falls und die Cane Creek Cascades. Besucher übernachten vor Ort in den über 30 Hütten, auf den 222 Stellplätzen des Capingplatzes oder in der Fall Creek Falls Lodge mit 85 Zimmern.

Die Fall Creek Falls zählen zu den höchsten Wasserfällen in den östliche USA.

Cummins Falls

Am Ufer des Flusses Blackburn Fork State Scenic River in der Nähe des charmanten Städtchens Cookeville beeindruckt der Cummins Falls State Park mit vielfältigen Wald- und Wasserlebensräumen sowie den Cummins Falls. Das im Cordell Hull Watershed gelegene Gebiet wurde einst von den Ureinwohnern Amerikas zur Jagd genutzt. Heute ist der Park ein beliebtes Ziel für Familienausflüge mit abenteuerlichen Wanderwegen und Bademöglichkeiten am 23 Meter hohen Wasserfall. Besucher bestaunen ihn vom Aussichtspunkt aus oder wandern und klettern auf einem mittelschweren Weg hinab in die Schlucht.

Bald River Falls

Im Südosten Tennessees, außerhalb der alten Bergstadt Tellico Plains, entdecken Besucher im Cherokee National Forest die rund 28 Meter hohen Bald River Falls. Diese zählen zu den beeindruckendsten Wasserfällen der Region – ob im Frühjahr mit bunten Frühlingsblumen, in der grünen Natur des Sommers oder im Herbst, wenn sich der Wald im farbenfrohen Blättermeer zeigt. Wer nur auf der Durchreise ist, bestaunt ihn gemütlich aus dem Autofenster. Mit mehr Zeit lohnt sich eine Wanderung durch das Wildnisgebiet der Bald River Gorge Wilderness.

Arkansas:
Natur, Musik und
Diamanten

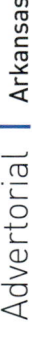

Stouts Point

Arkansas – ein Staat, der mit seiner natürlichen Schönheit beeindruckt. Hier erstrecken sich Outdoor-Aktivitäten bis zum Horizont. Von abwechslungsreichen Wanderwegen über atemberaubende Paddel- und Fahrradrouten bis hin zu gemütlichen Campingplätzen und faszinierenden Vogelbeobachtungstouren – die Möglichkeiten sind vielfältig. Nicht zu vergessen sind die zahlreichen Orte, um einen ungetrübten Sternenhimmel zu bewundern. Arkansas trägt den Namen „The Natural State"- und das nicht umsonst: Mit insgesamt 52 State Parks und sieben vom National Park Service verwalteten Einrichtungen, unter anderem dem Hot Springs National Park, sind der Erholung in der Natur fast keine Grenzen gesetzt.

Im Norden von Arkansas lockt der 217 Kilometer lange Buffalo National River. Hier erwarten Sie beeindruckende Kalksteinfelsen, eine vielfältige Tierwelt und die Möglichkeit zum Baden, Angeln und Campen. Seit 2019 ist er als International Dark Sky Park anerkannt, was dem Park eine minimale Lichtverschmutzung bescheinigt und für eine ungestörte Beobachtung des endlosen Nachthimmels sorgt. Insbesondere am 8. April 2024 ist der Park der perfekte Ort, um die Great North American Eclipse, eine totale Sonnenfinsternis, zu beobachten. Aber nicht nur rund um den Buffalo National River haben Gäste die Möglichkeit, den Nachthimmel in Arkansas zu bewundern. Auch viele andere Parks in Arkansas bieten astronomische Programme für Besucher an.

Und wenn wir gerade bei glänzenden Dingen sind: Wer würde nicht gerne einen Diamanten finden? Im Südwesten von Arkansas liegt ein Park, in dem das Motto „Was ich finde, darf ich behalten" gilt. Im Crater of Diamonds State Park befindet sich eine der wenigen öffentlichen Diamantenminen der Welt. In Murfreesboro können Besucherinnen und Besucher nach Diamanten suchen – und wenn sie fündig werden, dürfen sie ihre Funde sogar mit nach Hause nehmen!

Wildromantische Stimmung in der Buffalo River Wilderness Area

Skyline der Hauptstadt Little Rock

Das Herz von Arkansas

Little Rock, die Hauptstadt von Arkansas, ist mit fast 200.000 Einwohnern die größte Stadt des Bundesstaates und liegt im Herzen dieser grünen Region. Die Stadt erstreckt sich entlang des Arkansas River und ermöglicht somit ein urbanes Kajakerlebnis direkt vor der Haustür. Vom Fluss aus hat man einen atemberaubenden 360-Grad-Blick auf die Stadt Little Rock. Neben den Outdoor-Möglichkeiten versprüht die Stadt trotz ihrer Größe einen gemütlichen Kleinstadtcharme. Sie beherbergt eine Vielzahl historischer Stätten, darunter die für ihre Rolle im Kampf um Bürgerrechte berühmte Little Rock Central High School und das ehrwürdige Clinton Presidential Center. Darüber hinaus lädt der Petit Jean State Park Besucher ein, die natürliche Schönheit der Cedar Falls zu entdecken.

Spektakuläre Aussicht vom Whitaker Point

Seen, Wälder, heiße Quellen und mehr

In Hot Springs, der Kindheitsstadt des ehemaligen US-Präsidenten Bill Clinton, im Südwesten von Arkansas hat sich eine beeindruckende Sammlung von Museen und Galerien etabliert. Die Bath House Brewery in Hot Springs ist ein beliebtes Ausflugsziel für Bierliebhaber, die Craft Beer in einer einzigartigen Atmosphäre eines historischen Badehauses genießen möchten.

Outdoor-Liebhaber werden vom Hot Springs National Park begeistert sein. Als kleinster und ältester Nationalpark des gesamten Nationalparksystems punktet er mit einer Fülle an Naturschätzen. Mit seinen 47 heißen Quellen liefert der Park auch heute noch warmes Wasser für die Thermalbäder der Region. Der Besuch des Parks ist kostenlos und ermöglicht ein einzigartiges Naturerlebnis. Im malerischen Ouachita National Forest finden Outdoor-Enthusiasten zahlreiche Wanderwege aller Schwierigkeitsgrade. Insgesamt bietet Arkansas Aktivitäten für jeden Geschmack und jedes Alter und ist besonders für Familien ein empfehlenswertes Reiseziel.

Wasserfälle und Wasserspaß pur! Der Little Missouri Trail führt auf einer Länge von etwas mehr als 17 Kilometern an einem atemberaubenden Wasserfall und der beeindruckenden natürlichen Felsformation Window Rock vorbei. Von einer Aussichtsplattform haben Sie einen faszinierenden Blick auf die umliegende Landschaft und den malerischen Little

Crystal Bridges

Missouri River. Zu den majestätischen Wasserfällen entlang des Cedar Creek führt ein drei Kilometer langer Wanderweg, der Ihnen den Atem rauben wird. Wenn Sie dann immer noch nicht genug

Kajaktour auf dem Grassy Lake

*Mississippi River
State Park*

*Wanderung zum Sugar
Loaf Mountain in der
Fairfield Bay*

setzt „zerquetschter Kopf", aber lassen Sie sich dadurch nicht abschrecken – die Stromschnellen sind zwar fordernd, aber für erfahrene Kajakfahrer ein tolles Abenteuer.

Der Kings River im Nordwesten von Arkansas bietet eine malerische Strecke mit Sandstein-, Schiefer- und Kalksteinformationen sowie die Möglichkeit, an den nahe gelegenen Klippen zu wandern und Flora und Fauna zu erleben. Der Nordwesten beherbergt noch den Buffalo National River. Dieser Fluss zieht Paddler aller Erfahrungsklassen an. Hier gibt es Abschnitte für Anfänger und Profis. Was man auf gar keinen Fall verpassen sollte, ist die beeindruckende Landschaft um den Fluss herum. Eine der besten Aussichten in ganz Arkansas findet sich im Devils Den State Park, auf dem Yellow Rock Trail. Hier lassen sich duftende Zedernwälder und einzigartige Felsformationen bewundern und vom Gipfel aus

vom Wasser haben, können Sie weiter südlich auf dem Caddo River Ihre Paddel auspacken und loslegen. Im Gegensatz zum Casatot River ist der Caddo River ein entspannteres Paddelerlebnis, das für alle Paddler geeignet ist. Wer die Herausforderung sucht, ist auf dem Casatot genau richtig. Der Name stammt aus dem Französischen und bedeutet wörtlich über-

Blanchard Springs Caverns

hat man einen atemberaubenden Blick auf das Lee Creek Valley.

Die Stadt Fayetteville im Nordwesten wurde drei Jahre in Folge unter die fünf besten Orte zum Leben in den USA gewählt. Als Heimat der University of Arkansas und deren geliebter Sportmannschaft, den Razorbacks, ist Fayetteville einer der lebhaftesten Spots im Nordwesten von Arkansas. Die amerikanischen Magazine „People for Bikes" und „League of American Bicyclists" haben Fayetteville zu einer der fahrradfreundlichsten Städte gekürt. Man kann die Stadt mit ihren zahlreichen befestigten und unbefestigten Fahrradwegen guten Gewissens als Paradies für Fahrradfahrer bezeichnen. Neben Fayetteville erheben sich im Nordwesten von Arkansas die Ozark Mountains mit ihren Flüssen, Weingütern, Angelspots und charmanten Bergstädten.

Arkansas und sein Blues

Eine einzigartige Musikform, der Blues, hat seine Wurzeln in Arkansas. Es heißt, dass er sich aus dem Gesang der Baumwollpflücker entwickelte und von Künstlern wie Robert Johnson und Peetie Wheatstraw populär gemacht wurde. In Helena, im Osten von Arkansas, war der Blues besonders präsent. Es gab zahlreiche Juke Joints und Cafés, in denen Musi-

ker wie Robert Lockwood Jr. auftraten. Juke Joints waren bekannt als herkömmliche Kneipen, die heutzutage nahezu alle aus den Städten verschwunden sind. Die früher sehr beliebte Radiosendung „King Biscuit Time", die in Helena ausgestrahlt wurde, trug zur Popularität des Blues bei und zog Musiker aus dem ganzen Land an. Und auch heute noch hat der Blues in den Herzen der lokalen Bevölkerung eine ganz besondere Bedeutung.

Simmons Bank Arena in North Little Rock

arkansas.com

Flagstaff

Route 66, Natur und der Blick ins All

Autor: Christian Dose

Wer den Südwesten der USA erkundet, kennt Flagstaff. Doch viele halten nur kurz auf ihrem Weg zum oder vom Grand Canyon. Doch das charmante Städtchen ist prädestiniert für einen abwechslungsreichen Stopp – und wirbt selbstbewusst mit ihren „sieben Wundern". Hier genießen Reisende das historische Flair der Mother Road, entdecken State Parks abseits der ausgetretenen Pfade, fahren mit der Gondel auf den Berggipfel – und schauen in ferne

Beliebter Fotostopp: das Route 66-Logo am historischen Bahnhof

Galaxien. Schließlich wurde Flagstaff im Jahre 2001 als weltweit erste Stadt als Dark Sky City ausgezeichnet.

Historisches Viertel

Es wohl das Symbol für Flagstaff schlechthin: das weithin sichtbare Route 66-Logo vor dem Flagstaff Visitor Center im historischen Bahnhof. Lokale Street Art-Künstler gestalteten 2017 das große Logo auf dem Parkplatz. Nach dem wohl obligatorischen Selfie sind es nur ein paar Schritte in den Historic Southside District der 76.000-Einwohner-Stadt. Ohne moderne Autos und Insignien des 21. Jahrhunderts fühlt man sich in längst vergangene Zeiten versetzt. Hier ein traditionsreiches Hotel wie das Weatherford mit der traditionsreichen Speakeasy Bar The Gopher Hole Pub – dort ein ehemaliger General Store, in dem heute Outdoor-Kleidung und -Equipment erhältlich ist. Kaum ein Gebäude ist höher als ein paar Stockwerke, hier lässt es sich gemütlich bummeln. Und auf Wunsch mit Audioguide per Telefon: An allen Attraktionen mit dem Schild „Walk this Talk" liefert ein früherer Einwohner der Stadt spannende Informationen. Und abends lohnt ein zweiter Spaziergang durch Downtown: Dann erstrahlen die Zeugnisse aus der Vergangenheit elegant – und viele Restaurants und Mikrobrauereien laden zu Dinner und Drinks ein.

Kulturelle Vielfalt

Die 1876 gegründete Stadt ist nicht nur das Tor gen Grand Canyon, sondern auch zum Colorado Plateau. Zudem ist die Region schon viel länger besiedelt – entsprechend treffen hier viele unterschiedliche Kulturen zusammen. Einen guten Überblick über die reiche Vergangenheit und die indigenen Völker vermittelt das Museum of Northern Arizona, ebenso über Flora und Fauna in der dieser spektakulären Landschaft.

In der Natur

Neben der Route 66-Nostalgie ist Flagstaff zugleich ein Gateway in die Natur. Und mit den umliegenden State Parks steht Urlaubern ein vielfältiges Trio abseits der üblichen Ziele offen. Das Walnut Canyon National Monument liegt nur wenige Autominuten vom Stadtzentrum entfernt

Ausstellung im Museum of Northern Arizona

und birgt einen Schatz, wie man ihn sonst fast nur im weit entfernten Mesa Verde National Park besichtigen kann: Felsbehausungen, von indigenen Stämmen vor rund 800 Jahren geschaffen. Der steile, körperlich fordernde Island Trail führt in gut einer Stunde über hunderte Stufen zu den 25 Cliff Dwellings (Felsenwohnungen). Der Rim Trail hingegen schlängelt sich entlang der Schlucht und eröffnet einen weiten Blick über die Schlucht – und mit Fernglas oder Teleobjektiv lassen sich auch die Felsbehausungen erspähen.

Beeindruckender Blick im Walnut Canyon National Monument

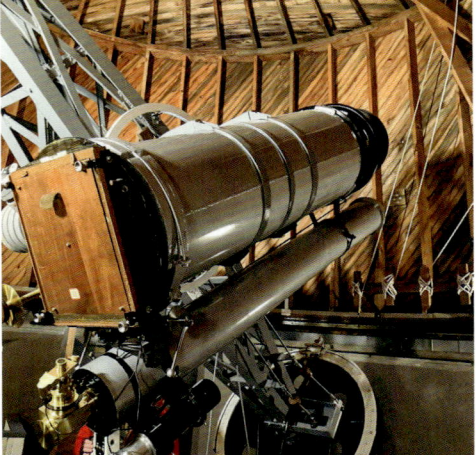

Lowell Observatorium

– und diese lassen sich ganz komfortabel erkunden: Mit der Panorama-Gondel dauert es nur wenige Minuten bis zur Bergstation auf 3505 Meter. Wer im Winter hier ins Snowbowl Resort reist, kann in Arizona sogar Skifahren. Im Sommer wiederum sorgen Wanderwege und anderes für Abwechslung. Und egal zu welcher Jahreszeit: Der Panoramablick auf das nördliche Arizona dürfte unvergesslich sein!

Blick ins All

Nach Anbruch der Dunkelheit lockt in Flagstaff ein absolutes Muss: das berühmte Lowell Observatorium. Forscher haben von hier aus im Jahre 1930 den Planeten Pluto entdeckt. Das Teleskop ist zwar nicht mehr in Betrieb, kann aber besichtigt werden. Den Blick ins All verpasst dennoch keiner: Dank neuestem Equipment lassen sich beispielsweise der helle Kugelsternhaufen namens Messier 15 in mehr als 30.000 Lichtjahren Entfernung sowie andere Himmelserscheinungen beobachten.

Ebenfalls nicht weit von der historischen Innenstadt entfernt, können gleich zwei beeindruckende Schutzgebiete auf einem Ausflug (oder der Weiterfahrt gen Grand Canyon oder Page) besichtigt werden: Das Sunset Crater Volcano National Monument ist bekannt für einen gemütlichen Spaziergang durch die Lava- und Vulkanlandschaft. Das angrenzende Wupatki National Monument wiederum beeindruckt ebenfalls mit Ruinen der Anasazi-Kultur.

Auch die Lage inmitten der Berge der San Francisco Peaks macht Flagstaff so reizvoll

Sunset Crater Volcano National Monument: Spaziergang durch eine mondähnliche Landschaft mit Gesteinsbrocken aus erstarrten Lavaströmen eines früheren Vulkanausbruchs

Wupatki National Monument: Spuren einer frühen Besiedlung

flagstaffarizona.org

ANREISE UND REISEZEIT
Die nächsten internationalen Flughäfen sind Phoenix und Las Vegas. Flagstaff ist ganzjährig ein lohnendes Ziel.

AKTIVITÄTEN
Walk This Talk: Audioguide für die Stadterkundung (kostenfreie Telefonnummer +1 28 2182926; *flagstaffarizona.org/blog/walk-this-talk*)
Museum of Northern Arizona: Täglich außer Dienstag, 15 USD Eintritt; 3101 N Fort Valley Rd, Flagstaff, AZ 86001, *musnaz.org*
Walnut Canyon National Monument: 25 USD Eintritt oder Nationalpark-Pass; *nps.gov/waca*
Sunset Crater Volcano National Monument: 25 USD Eintritt oder Nationalpark-Pass; *nps.gov/sucr*
Wupatki National Monument: 25 USD Eintritt oder Nationalpark-Pass; *nps.gov/wupa*
Snowbowl: Gondelfahrt 18 USD; snowbowl.ski
Lowell Observatorium: Eintritt 29 USD; 1400 W Mars Hill Rd, Flagstaff, AZ 86001, *lowell.edu*

ESSEN UND TRINKEN
Atria: Schickes Bistro, gute Cocktails und moderne amerikanische Küche; 103 N Leroux St, Flagstaff, AZ 86001, *atriarestaurant.com*
Late for the Train: Guter Kaffee; 19A E Aspen Ave, Flagstaff, AZ 86001, *lateforthetrain.com*
McMillan: Pub in einer ehemaligen Bank; 2 Historic Rte 66, Flagstaff, AZ 86001, *themcmillan.us*

UNTERKUNFT
La Quinta Inn & Suites by Wyndham Flagstaff: Pool im Innenhof, ab 100 USD inklusive Frühstück; 2015 S Beulah Blvd, Flagstaff, AZ 86001, *wyndhamhotels.com/ laquinta/flagstaff-arizona/la-quinta-flagstaff/overview*

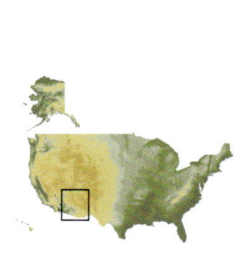

Utah
Wunder der Natur – 5 Highlights
für den unvergesslichen Roadtrip

Verwunschene Felsen:
Goblin Valley State Park

Weiße Salzwüsten, Rottöne wie auf dem Mars, 24 ausgezeichnete Orte zum Sterngucken und eine „Landezone für Engel": Utahs Schönheit ist buchstäblich astronomisch. Einige der spektakulärsten Straßen der USA ziehen Roadtrip-Fans magisch an, Hollywood kann von der vielfältigen Natur nicht genug bekommen – genauso wie Wintersportler vom „großartigsten Schnee der Welt" in den Skigebieten in den Wasatch Mountains. Tiere mit Historie wie Bisons lieben die weitläufige Halbinsel Antelope Island am Großen Salzsee im Norden, im Süden plätschert ein Wasserfall neben dem anderen von schwindelerregend hohen Klippen. Kann ein einzel-

ner Bundesstaat noch mehr Abwechslung bieten? Überzeugen Sie sich am besten selbst von Utah!

„Urban Heart" Salt Lake City

Salt Lake City ist nicht nur die Hauptstadt Utahs, sondern auch die größte Metropole. Eyecatcher garantiert: Temple Square, Utah State Capitol, The Gateway, über 80 Murals und Skulpturen, Brauereien und Destillerien sowie Sonnenuntergang auf die Lichter der Stadt vom Ensign Peak. Nicht vergessen: Von Mai bis Oktober fliegt Eurowings Discover direkt ab Frankfurt.

Downtown Salt Lake City
mit Eyecatcher
Utah State Capitol

Majestätische Felsen

Sie sind der Inbegriff von Landschaften, die wie von einem anderen Planeten scheinen. Utahs Red Rocks – in großer Fülle anzutreffen in den „Mighty 5" Nationalparks Arches, Bryce Canyon, Canyonlands, Capitol Reef und Zion. Zu jeder Jahreszeit ein unglaubliches Erlebnis – besonders im Winter voller Kontraste und mit viel Freiraum. Unbedingt auch die 9 National Monuments, 46 State Parks und vielen anderen Hidden Gems einplanen.

Ski im besten Schnee der Welt

Für alle Skier und Snowboarder: Im Winter locken 15 Skigebiete – 13 im Norden und 2 im Süden – mit dem wissenschaftlich nachgewiesenen „Greatest Snow on Earth". Und dabei reicht die Saison von November bis teilweise April oder sogar Mai. Schneerekorde sind hier garantiert - inklusive olympischem Spirit von 2002 und eisigen Erlebnissen wie beispielsweise den „Ice Castles" oder wohlig-warmer Wellness in Hot Springs.

Szenisch unterwegs

Roadtrips leben von den Straßen, auf denen sie gefahren werden. Und Utah hat davon gleich 28 besondere Panoramastraßen – die sogenannten Scenic

Winterzauber an der Natural Bridge im Bryce Canyon Nationalpark

Byways & Backways vorbei an Dinosaurier-Fossilien, Seen, Wasserfällen sowie Slot Canyons und durch Small Town Pearls mit Galerien, Diners und „Utahns", die Geschichten zu erzählen haben. Eine Augenweide im Herbst: der Scenic Byway 12 – auch als „All-American Road" bekannt – durch den Red Canyon.

Stargazing auf die Milky Way

Wer denkt, Utah hat bereits alle seine Geheimnisse offenbart, der wird eines besseren belehrt, wenn der Tag zur Neige geht. Sobald die Dämmerung hereinbricht und es dunkler wird, funkelt das Himmelszelt in voller Pracht. Aufgrund der geringen Lichtverschmutzung ist der Blick auf die Milchstraße und Sterne in den insgesamt 24 Dark Sky Parks & Places klar wie kaum woanders auf der Welt.

Funkelndes Cathedral Valley – Stargazing im Capitol Reef Nationalpark

visitutah.com

Los Angeles

Eine Stadt voller Überraschungen jenseits der Klischees

Über den Wolken – am
San Gabriel Canyon
Overlook

Los Angeles bietet weit mehr als nur den Glanz von Hollywood sowie die verlockenden Sandstrände von Santa Monica und Venice. Jenseits der touristischen Hotspots, aber auch der endlosen Staus und der Herausforderungen, mit denen die Großstadt konfrontiert ist, verbirgt sich eine faszinierende Vielfalt an oft unentdeckten Schätzen. Gibt man der Stadt eine Chance, überrascht sie mit Vielfalt und Charme. Mit diesen fünf Empfehlungen von Jan de Jonge wird ein Besuch unvergesslich.

Topanga Lookout: Hier wachte einst ein Fire Tower über die waldigen Santa Monica Mountains.

Santa Monica Mountains

Die Santa Monica Mountains erstrecken sich über 64 Kilometer in west-östlicher Richtung und bilden eine beeindruckende Küstengebirgskette. Von den weltbekannten Hollywood Hills bis hin zu den faszinierenden State Parks und der National Recreation Area locken diese Berge mit zahlreichen Möglichkeiten zum Entdecken - egal ob entspannt für einen Spaziergang oder sportlich mit dem Mountainbike.

Der Topanga Lookout Trail in den Santa Monica Mountains ist ein verborgener Schatz für Naturliebhaber und Abenteurer. Diese kurze Wanderung führt zu den Überresten eines alten Fire Tower, die mit Graffiti übersät sind. An wohl kaum einem anderen Ort lässt sich der faszinierende Kontrast zwischen Natur und urbaner Kultur bei einer gleichermaßen spektakulären Aussicht genießen wie hier. Die kunstvollen Graffiti erzählen Geschichten von Kreativität und Stadtidentität. Zudem eröffnet sich von der Spitze des Fundaments aus eine atemberaubende Aussicht.

Die Santa Monica Mountains bieten aber noch viele weitere Erlebnisse: Zahlreiche Fire Roads, die sich durch das Gebirge winden, sind die idealen Wege für Mountainbiker und Wanderer. Auch ein Besuch in einem der beiden State Parks (Topanga und Malibu Creek State Park) oder der National Recreation Area lohnt sich. Der Malibu Creek State Park zum Beispiel bietet eine Fülle von Aktivitäten. Ein besonderes Highlight ist aber der einzigartige Rock Pool. Hier können Besucher einen Sprung in das erfrischende Nass wagen oder auch auf den Spuren von Hollywood-Filmemachern wandeln. Der Park wurde regelmäßig als Drehort genutzt.

Die Santa Monica Mountains überraschen mit einer naturbelassenen, bergigen Landschaft.

Mount Baldy

Der Angeles National Forest in der Nähe von Los Angeles enthüllt eine Fülle atemberaubender Reiseziele. Einer der herausragenden Schätze ist zweifellos der majestätische Mount Baldy. Während der Wintermonate lockt Mount Baldy mit beliebten Wintersportaktivitäten. Die schneebedeckten Hänge laden zu aufregenden Abfahrten ein. Es gibt Pisten für jeden Geschmack und jedes Können. Bereits im Frühling erweisen sich die Strände von Venice und Santa Monica als belebte Sonnenziele. Mit fast 3100 Metern Gipfelhöhe ist Mount Baldy jedoch noch weit bis in die warmen Monate hinein ein Garant für Schneesicherheit. So ist es gar nicht unüblich, in den frühen Morgenstunden das Knirschen des weichen Schnees unter den Ski zu spüren und spätestens zum Sonnenuntergang zum Rauschen der Wellen unter der kalifornischen Sonne zu entspannen.

Im Sommer hingegen verwandeln sich die schneebedeckten Hänge in üppig grüne, alpine Landschaften. Ein malerischer Wanderweg führt zum Gipfel, begleitet von frischer Bergluft und dem belebenden Duft der Pinienhaine. Dichte Wälder und sanfte Bergpfade schlängeln sich durch die Natur. Bäche mit kristallklarem Wasser plätschern erfrischend über die glatten Felsen. Eine faszinierende Vielfalt an Pflanzen und Tieren offenbart sich in diesem Naturschutzgebiet.

Serpentinenreiche Bergstraße im Angeles National Forest

Baywatch live: ikonische Strände in Los Angeles mit den bekannten Rettungsschwimmer-Türmchen

Jan de Jonge

Jan de Jonge hat sein Herz bereits im frühen Kindesalter an das von Freiheit und Abenteuern geprägte Gefühl der USA verloren. Seit einigen Jahren berichtet der Reisejournalist und Fotograf auch auf seiner Webplattform von Erfahrungen unterwegs abseits der ausgetretenen Pfade, immer auf der Suche nach den kleinen, aber besonderen Momenten einer Reise. *igoplaces.de*

SR-39: „Forgotten Highway"

Surrend rollen die Fahrradreifen über den Asphalt. Rechts, links, rechts, links, ein Spurwechsel folgt auf den nächsten, während die gewaltigen Pinien am Straßenrand vorbeirauschen. Selten hat sich eine Radtour so frei angefühlt! Schwer vorstellbar, dass seit über 40 Jahren hier kein Auto mehr gefahren ist. Verborgen im Angeles National Forest erstreckt sich über sieben Kilometer ein Abschnitt der State Route 39, der für den öffentlichen motorisierten Verkehr seit einem massiven Erdrutsch in 1978 gesperrt ist.

Besonders zur Blütezeit im Frühling ist die Landschaft farbenfrog gesprenkelt.

Der Ausgangspunkt für dieses Abenteuer ist der San Gabriel Canyon Lookout. Hier eröffnet sich nicht nur eine atemberaubende Aussicht auf die San Gabriel Mountains. Von hier aus geht es nur zu Fuß oder mit dem Fahrrad weiter - bergauf bis zum Islip Sattel. Die Rückfahrt zum Ausgangspunkt ist ein befreiendes Erlebnis, denn es geht immer bergab. Die Geschwindigkeit und der Fahrtwind verstärken das Gefühl von Freiheit und Abenteuer. Die einstige Panoramastraße wäre leicht eine der schönsten des Landes.

Auf dem Rückweg nach Los Angeles bietet sich ein Stopp am Crystal Lake an. Dieser idyllische See liegt in der Nähe der südlichen Sperrung des Forgotten Highway und ist von dichten Wäldern umgeben.

Ascot Hills Park

Los Angeles ist die Stadt der Träume, des Glamours und der atemberaubenden Aussichten. Während die meisten Besucher jedoch auf den bekannten Pfaden wandeln, um das schillernde Hollywood oder die sonnigen Strände zu erkunden, verbirgt sich im Herzen der Stadt ein echtes Highlight abseits der ausgetretenen Pfade. Tief in El Sereno liegt der Ascot Hills Park, ein Ort von rauer Schönheit und Gelassenheit, der einen der spektakulärsten Sonnenuntergänge der Stadt bietet. Der Park ist zweifellos ein versteckter Schatz, der weit weniger bekannt ist als der berühmte Runyon Canyon Park in Hollywood.

Kurz bevor die Absperrungen des Ascot Reservoirs, eines lokalen Trinkwasserspeichers, in Sicht kommen, biegt nach links ein kleiner Trampelpfad ein. Nur wenige

Ein echtes Highlight: die Aussicht auf die Skyline vom Ascot Hills Park bei Nacht

Meter weiter ist das Ziel erreicht. So profan es klingt: eine Lücke im Zaun. Während die Sonne majestätisch am Horizont versinkt, beginnen die Lichter der Stadt zu leuchten. Mit dem richtigen Blickwinkel rahmt die besagte Lücke im Zaun die mittlerweile orange-rot erstrahlende Skyline perfekt ein. Ein Moment der Stille und des Staunens, eingehüllt in die Schönheit der Natur und der urbanen Pracht vom Downtown L.A. in ihrer authentischsten Form.

Korean Bell of Friendship

Inmitten der pulsierenden Metropole liegt ein verstecktes Kleinod, das Geschichten vergangener Jahrhunderte und die Bande zwischen zwei Nationen ein Denkmal setzt: die Korean Bell of Friendship. Als historisches Kulturdenkmal im Jahr 1978 ausgewiesen, wurde sie errichtet, um das zweihundertjährige Bestehen der Freundschaft zwischen den Vereinigten Staaten und Südkorea zu feiern. Ein Besuch ist wie eine Zeitreise.

Die Glocke selbst, eine massive Bronzeglocke, findet ihren Platz in einem steinernen Pavillon im Angel's Gate Park in Fort MacArthur, einer ehemaligen Einrichtung der United States Army. Im Fort MacArthur Military Museum, das sich auf dem Gelände befindet, kann der Geschichte der Anlage nachgespürt werden. Es erzählt von ihrer Rolle bei der Verteidigung des Los Angeles-Gebiets, den militärischen Kampagnen im Indo-Pazifik-Raum und der Bedeutung von Los Angeles als Militärhafen. Die Glocke wird nur fünfmal im Jahr geläutet und markiert besondere Anlässe und Feierlichkeiten.

Blick auf die malerische Küste von Palos Verdes

Pagode und Glocke strahlen im Licht der untergehenden Sonne.

Nicht weit entfernt von der Glocke befindet sich auch der wohl meistfotografierte Basketballplatz der Stadt. Mit den Körben im Vordergrund und der Sonne, die hinter ihnen untergeht, bietet er eine Kulisse, die zahlreiche Werbespots und Fotoshootings inspiriert hat.

ⓘ

Santa Monica Mountains: *nps.gov/samo*
Malibu Creek State Park: *parks.ca.gov/?page_id=614*
Mount Baldy Resort: *mtbaldyresort.com*
Angeles National Forest: *fs.usda.gov/angeles*
Ascot Hills Park: *laparks.org/park/ascot-hills*
Korean Bell of Friendship: *sanpedro.com/san-pedro-area-points-interest/korean-bell-friendship*

360° Kalender

Australien 2024

Berlin 2024

Mallorca 2024

Neuseeland 2024

Premiumkalender | Format 50 x 35 cm	
Alpen	978-3-96855-365-8
Australien	978-3-96855-363-4
Berlin	978-3-96855-337-5
Bretagne	978-3-96855-349-8
Costa Rica	978-3-96855-340-5
Cote d'Azur	978-3-96855-359-7
Dolomiten	978-3-96855-361-0
Franken	978-3-96855-342-9
Gardasee	978-3-96855-360-3
Griechenland	978-3-96855-352-8
Hawaii	978-3-96855-353-5
Irland	978-3-96855-367-2
Island	978-3-96855-333-7
Japan	978-3-96855-338-2
Kanada – Der Westen	978-3-96855-354-2
Kanada – Nova Scotia	978-3-96855-358-0
Kanarische Inseln	978-3-96855-343-6
Lofoten	978-3-96855-335-1
Madeira	978-3-96855-344-3
Mallorca	978-3-96855-350-4
Namibia	978-3-96855-348-1
Neuseeland	978-3-96855-366-5
New York	978-3-96855-339-9
Nordlichter	978-3-96855-364-1
Norwegen	978-3-96855-334-4
Provence	978-3-96855-346-7
Schottland	978-3-96855-347-4
Schweden	978-3-96855-345-0
Schweiz	978-3-96855-351-1
Seychellen	978-3-96855-341-2
Skandinavien	978-3-96855-357-3
Südtirol	978-3-96855-362-7
Toskana	978-3-96855-356-6
USA	978-3-96855-355-9
Vietnam	978-3-96855-336-8

Jeweils 14 Kalenderblätter, Spiralbindung
26,95 € [D] 26,95 € [A] 30,70 CHF

360° medien ꞁ Nachtigallenweg 1 ꞁ 40822 Mettmann ꞁ www.360grad-medien.de ꞁ info@360grad-medien.de

TRAUMKALENDER 2024
GEGEN FERNWEH

Vietnam 2024

Südtirol 2024

USA – Der Westen 2024

Norwegen 2024

360° Exklusivkalender

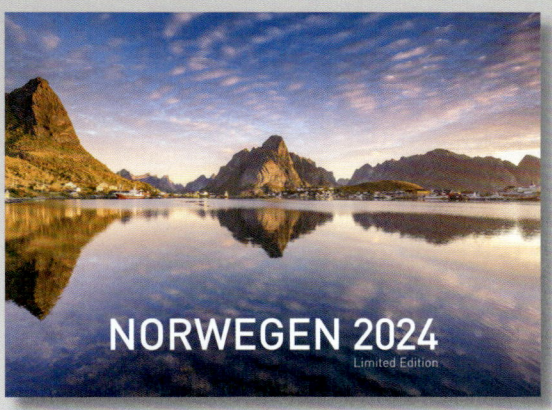

NORWEGEN 2024
Limited Edition

AUSTRALIEN 2024

Exklusivkalender	Format 70 x 50 cm
Australien	978-3-96855-375-7
Island	978-3-96855-368-9
Japan	978-3-96855-376-4
Kanada	978-3-96855-377-1
Neuseeland	978-3-96855-378-8
Nordland	978-3-96855-370-2
Norwegen	978-3-96855-369-6
Provence	978-3-96855-379-5
Südsee	978-3-96855-380-1
USA – Der Westen	978-3-96855-381-8

Jeweils 14 Kalenderblätter, Spiralbindung
49,95 € [D] 49,95 € [A] 53,95 CHF

Mehr Infos und alle Kalenderblätter unter: **360grad-medienshop.de/kalender**

Versandkostenfreie Lieferung innerhalb Deutschlands!

Aufnehmen

AKTUELLE BÜCHER

Kanada, der maritime Osten

Nova Scotia, New Brunswick, Newfoundland, Prince Edward Island – die Provinzen im maritimen Osten Kanadas werden in gängigen Ostkanada-Führern oft nur als Anhängsel der großen Provinzen Ontario und Québec behandelt. In diesem Buch kommen ihre Geschichte, Eigenheiten, Landschaften und Sehenswürdigkeiten ausführlich zur Geltung.

Auch das riesige nordöstliche Festlandsgebiet Labrador kann per Auto, Schiff und Bahn bereist werden. Das zu Québec gehörende Landschaftsjuwel Gaspé-Halbinsel wird ebenfalls beschrieben, außerdem Québecs Sankt-Lorenz-Strom-Route ab Montréal über Quebec City. Die besten Reiserouten durch Kanadas Osten!

Die ersten gut 100 Seiten bieten ausführliche Informationen zu Planung und Vorbereitung einer Ostkanada-Reise auf eigene Faust mit Miet-Pkw oder -Campmobil sowie zu allen Übernachtungsmöglichkeiten: Hotels/Motels und Hostels, B&B, Camping.

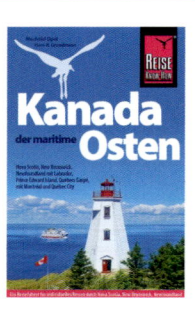

Mechtild Opel |
Hans R. Grundmann
Kanada, der maritime Osten
Verlag: Reise Know-How Verlag,
5. aktualisierte Auflage 2023
468 Seiten, Preis: 24,50 EUR
ISBN: 978-3-89662-771-1

Wandern in den Kanadischen Rocky Mountains

Gigantische Berge, tiefblaue Seen und endlose Wälder – die kanadischen Rocky Mountains faszinieren durch ihre weite und unberührte Natur. Nur punktuell ist die raue Gebirgskette von Menschenhand berührt – für Wanderer und Naturliebhaber ein Paradies! Die „Rockies" vereinen felsige, windumtoste Gipfel, massive Gletscher, idyllische Bergseen, alpine Wildblumenwiesen und mystische, mit Flechten verhangene Wälder, in denen Orchideen gedeihen. Elche und Bären, Pumas und Kolibris haben in dieser wilden Schönheit ihre Heimat. Der Rother Wanderführer „Kanadische Rocky Mountains" stellt 55 Tages- und Mehrtagestouren in dieser unvergleichlichen Bergwildnis vor.

Bereits wenige Schritte abseits der Straßen empfängt den Wanderer wilde Natur. Herrliche Tageswanderungen führen zu türkisfarbenen Gletscherseen, auf windige Pässe und aussichtsreiche Gipfel. Auch kurze Spaziergänge in Zivilisationsnähe finden sich in der Auswahl. Wahre Highlights sind die Mehrtagestouren, die tief hinein in die atemberaubende Natur führen. Hier kann man tagelang unterwegs sein, entlang von eisblauen Flüssen trekken und einsame Täler erkunden. Banff, Waterton Lakes, Lake Louise oder Mount Robson sind nur einige landschaftliche Höhepunkte, die es zu erwandern lohnt.

Eine rechtzeitige Planung ist für viele Trekkingtouren unerlässlich. Der Rother Wanderführer für die kanadischen Rockies ist dafür eine hervorragende Grundlage. Er liefert wichtige Informationen zum Wandern in der Wildnis, zur Ausrüstung, zu Übernachtungsmöglichkeiten, zu Genehmigungen und vielem mehr. Sämtliche Touren verfügen über zuverlässige Wegbeschreibungen, Tourenkärtchen mit eingezeichnetem Routenverlauf und aussagekräftige Höhenprofile. GPS-Tracks stehen zum Download bereit. Zahlreiche Fotos wecken daheim schon die Vorfreude auf die Entdeckungsreise der Rocky Mountains.

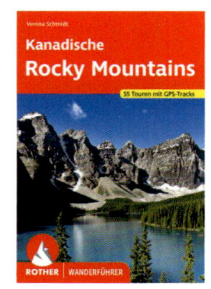

Verena Schmidt
Kanadische Rocky Mountains
55 Touren mit GPS-Tracks
Verlag: Rother Bergverlag
2. aktualisierte Auflage 2023
216 Seiten, Preis: 19,90 EUR
ISBN 978-3-7633-4527-4

Arches National Park (Utah), Fotograf Oskar Kolb

360°

NordAmerika Leserfoto-Wettbewerb

An dieser Stelle präsentieren wir in jeder Ausgabe die schönsten Fotos unserer Leser. Schicken Sie uns Ihr Lieblingsmotiv aus Kanada und den USA in möglichst hoher Auflösung und mit kurzer Motivbeschreibung an: *redaktion@ 360grad-medien.de* und mit etwas Glück veröffentlichen wir Ihr Foto an dieser Stelle oder gar in den 360° Kanada oder 360° USA Leserfotokalendern für 2025.

Moraine Lake (Alberta), Fotografin Patricia Stutzmann

Ausblicken

Capital Region USA:
48 Stunden in Annapolis

Florida:
Tipps für Panama City Beach

Ontario und Québec:
400 Kilometer mit dem Kajak

Britisch Columbia:
Unterwegs an der Cariboo Chilcotin Coast

Impressum

360° NordAmerika erscheint vierteljährlich

360° medien
Nachtigallenweg 1 | 40822 Mettmann,
Tel.: +49 2104 5063-100 | E-Mail: info@360grad-medien.de
redaktion@360grad-medien.de | www.360grad-travel.club

Geschäftsführung: Christine Walter | Andreas Walter

Chefredaktion (V.i.S.d.P.): Christian Dose
E-Mail: c.dose@360grad-medien.de

Mitarbeiter dieser Ausgabe: Christan Dose, Ole Helmhausen,
Jan de Jonge, Geneviève Susemihl, Aline Wyrwich

Design und Layout: 360° medien | Marc Alberti, Elke Gräfe

Anzeigenleitung:
Stefanie Heine | E-Mail: s.heine@360grad-medien.de
Tel.: +49 2104 5063-106

Marketing und Vertrieb, Leserservice:
Julia Schüller | E-Mail: vertrieb@360grad-medien.de
Tel.: +49 2104 5063-100

ISBN: 978-3-96855-387-0 | **ISSN:** 1869-8328

Vertrieb Presseeinzelhandel:
IPS Pressevertrieb GmbH, 53334 Meckenheim, www.ips-d.de
Einzelpreise im Handel: D, A, Europa: 9,50 € | Schweiz:
13,60 CHF

Abonnement 360° NordAmerika: vier Ausgaben, Deutschland 32 €, Ausland 48 €. Das Abonnement verlängert sich au-
tomatisch um vier weitere Ausgaben, wenn dieses nicht sechs
Wochen vor Erscheinen der letzten Ausgabe gekündigt wird.
Enthalten im Abonnement sind zusätzlich die Versandkosten
und – soweit erforderlich – die gesetzliche Mehrwertsteuer.

Bildnachweise: Adobe Stock S. 1 (Scott Heaney); Angela Gzow-
ski S. 40; Anja Schillinger S. 25u re; Arkansas Tourism S. 90-97;
Aurora Village S. 23 re; Bauer, Thomas S. 114 mitte; Bergeron,
J.F. S. 6 re; Birte Lanyon S. 23o li; Bradenton Area Convention
and Visitors Bureau S. 3 (Madden Media), 5 li, 80 (Rick Schwartz
and JustEnoughFocus.com), 82 oben (Tom Shelby), 82 unten,
83 oben (Matt Mariott), 83 unten (Jeremy Piper), 84 oben (Bill
Doster Photography), 84 links, 84 rechts (Marr Mayfield), 85;
Dash, Jay S. 102 unten, 103 li; Destination Canada S. 41; Destination Ontario S. 24 li unten; Discover Flagstaff S. 98 unten, 99
unten; Discover Long Island S. 68-69; Dose, Christian S. 73-76,
98 oben, 99 oben, 100-101, 114 mitte Goldsberry, Clark S. 102
oben; Helmhausen, Ole S. 35 oben; Jonge, Jan de S. 5 re unten,
104-106, 107 unten, 108-109; Kentucky Tourism S. 78-79; Kern,
Karl-Hans S. 114 unten; Knörchen, Jörg S. 25 oben re; LEGO
Discovery Center Washington S. li oben; Louisiana Office of
Tourism S. 86, 87 re; Moecke, Antja S. 25 li; Morgan, Matt S. 103
oben; Müller, Aline S. 24 re; Discover Philadelphia/Philadel-
phia Convention & Visitors Bureau S. 7 li unten; Rae, Joseph S.
6 li oben; State of New Jersey S. 70u; Susemihl, Geneviève S. 4,
8-21; Tennessee State Parks S. 88 unten; Tennessee Tourism
S. 88 oben (Andrew Saucier), 89 oben, 89 unten (Cody Bryant);
Thomas Koschig S. 22; Tourism Saskatchewan S. 24 li oben, 32,
34 (Greg Huszar), 35 unten (Greg Huszar), 36 oben (Greg Huszar), 36 unten, 37 (Paul Austring), 38; Travel Manitoba S. 67; Un-
splash S. 107 oben; Utah Office of Tourism S. 103 re unten; Visit
Ananapolis S. 114 oben; Visit Detroit/ Charles Falsetti S. 5re mi,
72, 77; Westwind Air Service S. 7 re; Wiechmann Travel Service
(WTS) S. 70 oben, 71, 87 li; Willi Waterton S. 42; Wyrwich, Aline
S. 26-31; Yukon Tourism S. 6 li unten; Yvonne Sievers S. 23u li

Unsere nächste Ausgabe:
**360° NordAmerika erscheint voraussichtlich
am 1. Dezember 2023***

* Änderungen vorbehalten